FUTBOLOGÍA

LUIS CANTARERO

FUTBOLOGÍA

La cultura del fútbol industrial

Prólogo titular de Marcos Castillo Monsegur
Prólogo suplente de David Francisco

PREGUNTA

Primera edición: octubre de 2024

info@preguntaediciones.com
www.preguntaediciones.com

Diseño de cubierta: Óscar Sanmartín Vargas
ISBN: 978-84-19766-55-7
Depósito legal: Z-1779-2024

Esta obra ha sido publicada con ayudas del Grupo de Investigación Bienestar y Capital Social de la Universidad de Zaragoza y del Departamento de Psicología y Sociología de la Universidad de Zaragoza.

Printed in Spain. Impreso en España por Estilo Estugraf Impresores

Índice

Prólogo titular

Soy amigo de Luis

Marcos Castillo Monsegur

Soy amigo de Luis, pero soy más amigo de la verdad. Por ello he de confesar que ha sido mordido e infectado por el perro de la rabia. El perro más futbolístico de todos, el Can Cerbero, el perro que vigila las entradas al poder de los infiernos o a los infiernos del poder, el perro que es uno y trino; el perro que a todos nos muerde, el perro de las tres cabezas.

Una de ellas es la cabeza religiosa, cabeza de serpiente que se enrosca en el árbol del fútbol para silbar sus tentaciones. Sirva un ejemplo: mirad, mirad la santa cofradía de jugadores y directivos llevándole a la Virgen pertinente la copa conquistada. ¿Motivo? Tan solo los incrédulos obtusos pueden no ver la participación decisiva de tal virgen en el gol esencial. Cómo se levantó las sayas, se mezcló en la defensa de rivales (a ellos los amparaba una virgen contraria), se quitó la corona y, sacado ya el córner, levitó dulcemente y dio su testarazo para meter el cuero por la escuadra. Qué digna sucesora del Yago Matamoros en Clavijo o San Jorge en la toma de Mallorca. Cómo negarle entonces su porción en la gloria. Vayamos, por lo tanto, jubilosos.

Otra de las cabezas mordedoras es política y ved de nuevo cómo esa Santa Compaña se dirige después, ya bendecidos, al aireado balcón de los prebostes que hacen suyo ese triunfo, que siempre es de la patria. Más patrióticos debieran ser los equipos de fútbol y no solo vestir la camiseta con los colores de sus variadas banderías y naciones. Hermoso sería que antes de los grandes partidos no solo intercambiaran banderines, sino símbolos fuertes: los catalanes, una hoz para un buen *cop de falç*; los aragoneses, un cañón agustino; los madrileños, las facas que buscaban el cuello del gabacho el 2 de mayo... Quién duda que estos signos fortalecerían la identidad de los que, por no tenerla propia, necesitan identidades exteriores.

Pero la más feroz de las cabezas es la tercera: la de los entrenadores (los enterradores, como aquí son nombrados), pues ellos son los que perpetran el asesinato imperdonable: la muerte de la ilusión de un niño. La ilusión por practicar un juego. Una obligatoria y etimológicamente lúdica ilusión, pues ambas palabras se unen en su tronco latino (*ludo*, *ludis*, *ludere*, *lusi*, *lusum*). Sobre esa ternura se lanzan los ladridos laterales de esos canes de banda que en su ignorancia ignoran que «deporte» igualmente proviene del latín (*deportare*) y que ya en la Edad Media la palabra se usaba con el valor de «placer y alegría». De «deportarse», de «transportarse» siquiera fugazmente a otro mundo, a otro terreno: al terreno de juego. Sobre esa vela de ilusión y gozo soplan esos matacandelas, imponiendo una disciplina que no es estudio, sino latigazo. Su dualidad mental inexorable les impide entender que es posible que, gozosos, copulen el rigor y la dicha. No saben que la vida es buscar el oxímoron.

De todo ello y de todo lo demás (pues en realidad en estas páginas su autor se enfrenta más que con el perro guardián de esos infiernos con la hidra de Lerna, de innúmeras cabezas que, cortadas, renacen) habla este libro que trata de todas las mordeduras de la legión de canes que rodean el mundo del fútbol, que es un hueso sabroso, y que por otro lado son los que imperan en el resto de mundos, pues todos los mundos constituyen el mundo y en verdad los flujos fluyen en ambas direcciones: del estadio al Estado, del Estado al estadio. De hecho, si mandásemos a las estrellas la filmación de un partido de fútbol con todas las circunstancias exteriores que lo rodean, un alienígena podría descifrar las claves que sostienen nuestro mundo. Cierto es que con algunas deformaciones: nuestros fervorosos cánticos no servirían para imaginar una cantata de Bach, ni los pareados de imprecación a un árbitro serviría para siquiera sospechar la dulzura de un verso de Cernuda...

Finalmente, apuntaremos que esta nueva entrega sigue presentando como rasgo esencial la valentía de su autor. Valentía de pensar su pensamiento sin dejarse llevar perezosa o cobardemente por las ideas dominadas, dominantes y dominadoras; y valentía quevediana de no pensar lo que se dice, sino decir lo que se piensa.

Aquí el autor no calcula: no se lo piensa, y dice. Y lo hace plenamente consciente de que gana enemigos poderosos en la prensa, en la universidad, en el propio mundo del fútbol…, pues sabe, como Terencio, que *Obsequium amicos, veritas odium parit*. Al cambio: la condescendencia depara amigos; la franqueza, odios.

Chitón.

Chartres, septiembre de 2023

Prólogo suplente

Un libro *post-punk*

David Francisco

> *El sistema que controla esta clase de gente*
> *no me gusta a mí y al sistema no le gusto yo*
> *pero él es muchísimo más poderoso.*
>
> Elisa Victoria[1]

La explosión de energía que supuso el *punk* como movimiento musical, ideológico y social, a mediados de los años 70 del siglo XX, se vio sucedida por una ola en apariencia más pausada, el denominado *post-punk*, un estilo que consiguió redirigir toda aquella rabia, canalizarla en una música menos cruda y en un mensaje de mayor intensidad emocional que se enriqueció bebiendo de otros estilos musicales e introduciendo nuevas referencias en sus letras.

Del mismo modo, el psicólogo, antropólogo, docente y escritor Luis Cantarero va afinando su discurso con cada nueva publicación, sin perder de vista los objetivos a alcanzar ni las injusticias que quiere desvelar. *Futbología* sigue siendo visceral y reivindicativo, como

[1] Elisa Victoria, *El Evangelio*, Blackie Books, Barcelona, 2021, pág. 254.

sus libros anteriores, al tiempo que supone un paso analítico, reflexivo y propositivo en su trayectoria. Analítico porque nos plantea una radiografía completa de la actualidad del fútbol industrial, sin pasar por alto —pues son el objetivo central de su denuncia— ciertos comportamientos establecidos —a su juicio, moralmente inaceptables— y ciertas prácticas ejercidas con normalidad e impunidad por todos los agentes implicados. Reflexivo porque piensa, especula y razona sobre los resultados de esa radiografía. Y propositivo porque incorpora ideas novedosas, propone alternativas, *otros ritmos*, porque trata, en definitiva, de abrir caminos posibles hacia un mejor fútbol.

Contra el discurso totalitario que nos invade silenciosamente, contra la falsa corrección que impera en tantos ámbitos y contra muchos de los citados comportamientos establecidos —por costumbre, comodidad o intereses ocultos—, Cantarero insiste, con aliento crítico, en lo que casi parece su único empeño: la utopía de un fútbol más justo y más humano; y escribe haciendo suya aquella declaración de Ramón Acín: «Yo al escribir no hago literatura; escribo sujetándome el hígado o apretándome el corazón»[2].

La de Cantarero es una de las pocas voces disidentes que se alzan en el deporte contemporáneo. Desde los márgenes —allí donde surgen siempre las vanguardias

[2] Ramón Acín, «El valor moral, los futbolistas y los futbolaires», artículo publicado en *El Diario de Huesca* el 14 de diciembre de 1926.

y las ideas que más hondo calarán en el futuro—, Cantarero nos impela hacia un fútbol que tenga en cuenta al jugador como individuo, sujeto en marcha constante, potencia expansiva cuanto más crece y se realiza y, sobre todo, merecedor de un espacio social y deportivo puramente lúdico, y no como un mero instrumento económico intercambiable al servicio de intereses mercantilistas ajenos. *Futbología*, este libro *post-punk* en forma y espíritu, mantiene la contundencia en su mensaje y en su modo de denunciar, porque a Cantarero no le gusta el sistema y al sistema parecen no gustarle voces como la suya.

Por eso es tan necesaria su insistencia. Por eso y porque a pesar de una soledad más o menos elegida —a veces diera la impresión de que se desgañita clamando en el desierto—, lo cierto es que cada vez aumenta el número de profesionales y voces autorizadas que reconocen, hacen propias y defienden las propuestas de Luis Cantarero. Compañeros que integran estas reivindicaciones en sus campos de trabajo y que se unen a la lucha para desmontar injusticias como la corrupción, los abusos de poder o los negocios encubiertos, para devolver al fútbol —y a todo deporte— la pureza de sus orígenes.

Paso a paso, la utopía está más cerca.

Para mi hijo Teo y para otros jóvenes futbolistas soñadores. A ver si les ayudo a comprender el juego.

Preámbulo

Cuando termino un libro siempre pienso que será el último. Creo que se me han agotado las ideas y que no vendrán otras nuevas. Pero el tiempo transcurre y, gracias a que sigo observando y escuchando (desde una perspectiva emic y etic), y a mi activo inconsciente, surgen espontáneamente reflexiones que anoto anárquicamente en una libreta. Luego me pregunto cómo presentarlas y si vale la pena hacerlo. De repente nace una ocurrencia: la de expresar por escrito mis interpretaciones de lo que sucede alrededor, como si fuera una crónica personal de comienzos del siglo XXI. Son pensamientos críticos sobre la vida cotidiana, a la que considero carente de pluralidad y justicia, vinculados con el deporte, la enseñanza, el nacionalismo, el racismo, la sexualidad, la religión, el poder... Los han avivado noticias, sucesos y conversaciones con amigos —comiendo, bebiendo y paseando— que me han hecho cavilar porque las tres son actividades sociales que favorecen el diálogo y despiertan la especulación.

He intentado que esta mezcolanza de temas tenga algún sentido. Por eso, ya que el fútbol como fenómeno social, que expresa la realidad humana, ha sido el motivo de mis publicaciones anteriores, ahora va a seguir siéndolo, profundizando así en su comprensión. Más en concreto, escribo sobre uno de los fútboles, el industrial, insertándolo en su cultura. Y lo he hecho de tal modo que el texto se pueda leer como una partitura de percusión con quince ritmos, catorce contextos y unos redobles finales.

Los ritmos del fútbol industrial (un término que avancé en *¡Cállate, papá!*[3]) son algunas de sus características: el comportamiento inadecuado de los familiares, la corrupción de los directivos, el amaño de partidos por parte de los futbolistas, las apuestas acordadas entre unos y otros, el maltrato psicológico y la mala educación de los entrenadores, su formación fordista, las agresiones entre jugadores y entre aficionados, la financiación sucia de los clubes y de los torneos, el auge de los profesionales incapaces (*enterradores*[4], calentadores físicos, psicólogos *post-it*, etc.), el periodismo sensacionalista, el machismo y los tertulianos macarra... Para mí, si se quiere cambiar algo de todo esto, no sólo no hay que centrarse en estos ritmos mencionados, y tratarlos de manera aislada, sino en la totalidad. Por lo que veo, las explicaciones

[3] Luis Cantarero, *¡Cállate, papá! Padres y violencias en el fútbol industrial*, Pregunta, Zaragoza, 2020.

[4] Término que avancé en el artículo «Entrenador, calladito estás más guapo», incluido en el libro *Humanizar el fútbol. Deporte y transformación social* (coordinación de Julio Salinas y Luis Cantarero, Pregunta, Zaragoza, 2022): «Digo "enterrador" porque entierran la ilusión de los niños por jugar al fútbol, pero son tan engreídos que se creen que todo lo hacen bien y que son los niños y las niñas los que no tienen buena predisposición para jugar» (pág. 132).

sobre los mismos son superficiales, sin contextualizar, interesadas, y las intervenciones son represivas y no producen cambios ni el deporte, ni en la sociedad.

Contexto es la sociedad y la cultura en la que el fútbol en serie tiene sentido, la realidad en la que se juega y que naturaliza esta industria: negocios desmesurados, docentes sin interés, estudiantes desmotivados, ciudadanía patriótica, religiosos gobernando, políticos represores al mando, emprendedores codiciosos, universidad decepcionante, absolutismo tecnológico, adoctrinamientos como el pin parental, etc. A mi juicio, es urgente trabajar también sobre estas realidades para minimizar los indicios de decadencia del fútbol industrial. Son situaciones que hay que transformar, ya que si el balompié se permite tantas licencias es porque se toleran a su alrededor. La alternativa es posible porque soy consciente de que hay otras mentalidades, otras prácticas... otros fútboles repletos de personas con voluntad de vida (como diría Nietzsche), que nombro al final del libro casi sin desarrollar (redobles finales), porque merecen un texto aparte. Es un libro pensado para no gustar (cada ceño fruncido del lector ante algunas líneas será para mí una satisfacción), también inacabado, vivo, escatológico, original, una invitación para que otros puedan coger el testigo y continuarlo. Lo más importante es que he conseguido no autocensurarme.

En los párrafos que siguen hay ideas que se le pueden ocurrir a otros, basta con pararse un momento a discurrir. Por esto las considero colectivas aunque las haya escrito uno más de entre los miles de millones de personas que habitamos el planeta. La única diferencia con todos ellos es que yo poseo la suerte de tener dos editores que me quieren —David Francisco y Reyes Guillén— y que deciden publicar mis ocurrencias. El cariño es recíproco y les estoy muy agradecido, como también a Marcos Castillo, que una vez más ha accedido a prologar el libro con su buen humor: es uno de los pocos poetas con los que no me aburro leyendo literatura sobre fútbol. Asimismo, y cómo no, tengo que agradecer a Dora Blasco que me haya ayudado en la redacción de algunas líneas y en el entusiasmo general que me transmite y que ha influido en la escritura de este estudio sobre el fútbol, al que he denominado futbología, un concepto que me ha inspirado la filosofía de Derrida y su invitación a crear nuevos significantes.

Ritmo 1. La cultura del fútbol industrial

El fútbol industrial es un producto social y refleja las ideologías dominantes. Lo que sostiene el sistema es la producción en serie de entrenadores y la de futbolistas. Todo está bien engranado. A los primeros, las federaciones los crean en masa. Salen de la cadena de montaje, uno tras otro, sin apenas conocimientos, pero con un título en la mano que les da derecho a ejercer. Pronto encuentran mercado en otro eslabón: los clubes. Ahí esperan los niños y las niñas para comenzar a ser macdonalizados. Los medios de comunicación alimentan este capitalismo: tertulianos y periodistas engrasan la maquinaria a cambio de un salario. Directivos de clubes, gestores federativos, políticos y emprendedores (de la construcción, de ropa, de alimentación, de la banca, tecnológicos...) organizan el asunto. Ahora, el objetivo principal es globalizar el mercado hacia donde se encuentran los pozos petroleros. A veces surgen problemillas: los padres se insultan, los aficionados insultan, los entrenadores insultan, los jugadores se insultan... Se van capeando con medidas represivas: más policía, más vallas, más fosos, menos alcohol, más legislación. En la lucha por el capital todo vale: se compran las voluntades de árbitros, jugadores y entrenadores. Poca cosa. Todo está controlado. De vez en cuando hacemos ver que estamos preocupados por estos sucesos, para ganarnos a la opinión pública. Mientras tanto, nosotros a lo nuestro: los objetos de consumo nunca dejan de ir y venir y lo importante es que las televisiones sigan pagando, que haya, por el mundo entero, torneos, campus, ligas, academias... de clubes, de selecciones nacionales y regionales... de hombres, de mujeres, de adultos, de niños, de personas con discapacidad, de viejas glorias... La sobreabundancia la llevan bien los millones de aficionados, educados desde pequeños por la ideología capitalista, convencidos, ingenuamente, de que son parte del juego cuando son, únicamente, compradores compulsivos de este gran centro comercial.

La cadena de montaje del fútbol industrial: de la academia al sofá de casa. Todo empieza muy temprano. Siendo niños de cuatro o cinco años tus padres te apuntan a una «academia» de fútbol; pomposo nombre a través del cual nos quieren hacer pensar que lo que allí ocurre es educativo. Hay que comprar calzado, pagar la cuota, gastar en la ropa, etc. Vas pasando por equipos: prebenjamín, benjamín, alevín, infantil, cadete y juvenil. Los entrenadores se van encargando de aburrirte, los padres de presionarte y unos cuantos futbolistas lo van abandonando. Después de juveniles se añaden a esta lista de renuncias otros jóvenes por motivos de estudio, trabajo o porque han perdido toda la ilusión por jugar. El patrono no se preocupa demasiado porque sabe que el resultado final tiene que ser que estos «fracasados» terminen delante del sofá de casa viendo los partidos, las noticias y los programas especializados en fútbol. Un sinfín de horas de televisión que los aficionados consumen pasivamente. Para garantizar la clientela les cuentan que forman parte de un club, o de una selección, llegando a poseer un sentimiento de pertenencia cerril, que los identifica con unos y los enfrenta con otros.

Se ha convertido al futbolista en un objeto de consumo. Se compra mientras sirva; cuando deja de ser útil, se vierte al estercolero. Algunos de estos pobres ingenuos, a los que les han hecho creer únicos, una vez que fracasan, se reciclan en entrenadores, *coachs*, tertulianos. Otros, serán incapaces de salir del vertedero donde fueron arrojados. Mientras tanto, el ojeador y el representante siguen buscando y buscando, entre los campos de fútbol, sujetos-mercancía. Así funcionan las cosas en la cultura futbolística comercial, donde lo que interesa es la movilidad de los jugadores y su obsolescencia. Hay deportistas que juegan este partido sin que les hayan enseñado a jugarlo.

Si un niño decide jugar al fútbol industrial tiene que saber que va a estar rodeado de ignorantes, cínicos y codiciosos que tarde o temprano lo intentarán humillar. Si lo tiene claro, y lo único que espera es disfrutar del juego y hacer algún amigo, todo le irá bien.

Es muy difícil para el que está en el fútbol industrial ver otro que no sea ese, porque carece de capacidad para mirar en perspectiva. Esta capacidad es la primera que anulan los productores de la conformidad.

A finales de agosto hay ofertas, rebajas, saldos, bancos, cheques, comisiones, llamadas de teléfono, WhatsApp... mover dinero y conseguir meterse algo al bolsillo. Nervios, muchos nervios porque está en juego el capital. Se está delante de una piñata sobre la que se abalanzan a codazos los negociantes para conseguir el mejor caramelo. Los jugadores son golpeados, zarandeados, manipulados... hasta caer en algún club. El sensacionalismo de la prensa está en su salsa y todo lo sobredimensiona. Horas y horas de tertulianos para llenar programas televisivos difíciles de digerir.

También los entrenadores sufren la comercialización. Hay mucha demanda para tan poca oferta y la gran mayoría esperan pacientemente una llamada de teléfono para abandonar el desempleo. Unos continúan luchando; otros, abandonan la profesión. Si un buen entrenador tiene la suerte de comenzar a trabajar en una organización industrializada, rodeado de anodinos y fracasados, su final está escrito. Acabará despedido mientras que los parásitos que le rodean seguirán en el club devorando a más gente capacitada. Para poder crear el contexto es primordial. Cuando el ambiente está podrido no hay nada que hacer.

Los departamentos internacionales de los clubes de fútbol profesional ingresan e ingresan dineros. Engañan a la gente, sobre todo en países desfavorecidos, porque les hacen creer que van a formar parte de su organización cuando la realidad es que lo único que les interesa es hacer caja ampliando sus seguidores en el extranjero. Firman convenios con «academias» de medio mundo (Latinoamérica, África, Estados Unidos, Asia). Los europeos envían entrenadores para «enseñar» sus métodos. Los occidentales cobran por las «pláticas»; los colonizados se promocionan localmente y ganan consumidores de jóvenes jugadores de la casa que visten orgullosamente una camiseta del club europeo colonizador. No hay nada más imperialista. Es un negocio sin escrúpulos porque se aprovecha de la ilusión, la esperanza y la ingenuidad de los niños y niñas de otros continentes.

También hay papás ricos pretenciosos que envían a sus hijos a uno de estos clubes europeos para entrenar y educarse pagando un buen dinero por la «formación». Interpreto que presumirán en sus tierras de estatus porque este envío postal lo aumenta de cara a los compatriotas.

A nivel del terruño algunos clubes de fútbol *amateur* firman acuerdos de colaboración con organizaciones profesionales de fuera de su ciudad. Se hace creer a los cándidos futbolistas (y a sus familiares) que al vestir la camiseta de un club profesional con el que se tiene convenio ya perteneces al mismo. Esta creencia vende y acapara clientela.

En el fútbol *amateur*, cargar las plantillas con veinte jugadores o más tiene como lógica la rentabilidad económica. Dejar a dos o tres chavales sin citar todos los fines de semana son los daños colaterales. ¿A quién le importan? El objetivo es que salgan las cuentas aunque los niños sufran la tristeza de no ser convocados.

La protección de datos es un invento de los poderosos para evitar ser criticados y limitar la libertad de expresión. Es un mantra al que se acude para hacerte callar. Se ha trasladado a norma jurídica la censura de preguntas, protestas, críticas o denuncias. Es represión del pensamiento contrario. Como cualquier norma es arbitraria y quien acude a ella lo hace para proteger sus intereses. Así, en el fútbol industrial se usa o no caprichosamente. Por ejemplo, si bien en los centros escolares hay que pedir permiso para grabar a los estudiantes, en los terrenos de juego sucede algo bien distinto: se ha generalizado la grabación de los partidos durante los fines de semana. Los clubes sitúan una cámara fija para llevarla a cabo. Ni se solicita permiso a los futbolistas dentro del propio club ni mucho menos al equipo contrario. También cualquier padre puede realizar vídeos tanto de sus hijos como de cualquier otro deportista. Da igual que sean menores, testigos de jehová, islamistas, católicos o judíos, mujeres u hombres, las filmaciones se realizan sin permiso y nadie apela a la protección de datos para detenerlas porque, entre otras cosas, las usan para comercializar con los futbolistas promocionándolos con publicitarios montajes audiovisuales.

Cuando jugaba al fútbol entrenábamos con nuestra ropa y la lavábamos en casa (nuestras madres lo hacían, para ser justos con ellas). El día del partido, el entrenador nos decía en qué puesto jugábamos y nos daba la camiseta que nos pondríamos. Es decir, entre semana usábamos la vestimenta propia para entrenar (todos vestíamos de diferente modo) y el fin de semana la camiseta, el pantalón y las medias del equipo. Al acabar el partido, la dejabas apelotonada en el suelo del vestuario y el utillero la recogía. El siguiente sábado estaba limpia para volverse a usar por los jugadores (podías, o no, repetir la misma camiseta —si el entrenador te asignaba el mismo número que en el partido anterior—, el pantalón y las medias). Actualmente, esto ya no es así porque el negocio de la ropa deportiva es boyante. Se dice a los padres que la cuota que pagan para que su hijo juegue al fútbol incluye la indumentaria. El asunto es que año tras año se renueva y se entrega atuendo a las familias que termina acumulándose en los armarios, prácticamente nuevo (salvo quizás las medias). Por ejemplo: si un niño lleva jugando cinco años en la misma organización tiene en su casa cinco camisetas, cinco pantalones, etc. Por lo tanto, el despilfarro es grande y el dinero que se genera también. Piensen en un club donde jueguen doscientos niños y ahora en todos los clubes de España. Es irracional este desperdicio y solo se explica porque es una industria lucrativa para las multinacionales del sector y para algún que otro gestor deportivo. A mi juicio, en beneficio del medioambiente y del bolsillo de los padres, esto tendría que dejar de ser así. Tal vez el club podría volver a ser el propietario de la vestimenta y no cobrar la cuota a los jugadores (o cobrar por su limpieza). Se trataría de crear un Banco de Ropa, es decir, buscar una solución racional, aunque sea perjudicial para los emprendedores. En la escuela pública se ha hecho algo similar con los textos, lo que se llama el Banco de Libros. Los manuales no son propiedad de los estudiantes sino del colegio o del instituto. Se traspasan de unas familias a otras, por poco dinero y cada curso académico, para usarlos hasta que se desgastan.

Se ha malinterpretado la idea de igualdad en el fútbol. Como está de moda que los futbolistas jueguen el mismo tiempo, los entrenadores no se atreven a defender lo contrario. Sin embargo, sus actos los contradicen. Los jugadores más cualificados disputan los mejores partidos; los menos dotados, los peores. Todos juegan más o menos los mismos minutos, pero no contra los mismos equipos. Así, suele ocurrir que se premia al peor en términos de condiciones técnicas, físicas o psicosociales. Quizás no debería ocurrir algo así. En la enseñanza se tiene más o menos claro. Hay estudiantes sobresalientes, notables, aprobados y suspensos. El maestro se tiene que esforzar por enseñar a todos por igual, pero al final hay factores que influyen en la nota: unos estudiantes son capaces; otros lo son menos, pero trabajan; hay vagos; hay copiones... Hay que pensar bien en la evaluación y es injusto que todos obtengan la misma calificación porque el aprovechado sobrevive bien en este sistema. Como también es injusto que se valore el pedigrí familiar y no la voluntad. Todos tenemos derecho a la enseñanza, pero no todos tenemos derecho a obtener un sobresaliente. Cuanto más democrático es el mundo, mayor pluralidad, mayor multiplicidad, más diferencias. Contradictoriamente, no hay mayores «comunistas» que los neoliberales que llevan a sus hijos a colegios concertados y privados donde se les obliga a ir uniformados militarmente con vestidos ridículos y a pensar parecido. A cambio, todos aprueban. Vestir y pensar de la misma manera es homogeneizar. Es apostar por una sociedad que desapasiona. Es crear seres humanos en serie que se adaptan fácilmente al sistema. Tal vez cuando reivindicamos que todos los futbolistas jueguen los mismos minutos estamos siendo injustos porque hay jugadores que se ganan su participación en los despachos (tienen familiares poderosos, por ejemplo, que presionan para que sus hijos estén en los equipos sin merecerlo) y no en el terreno de juego.

Contexto 1. Negociantes. Emprendedores

La mercantilización del fútbol es producto de la sociedad capitalista. Hay hombres y mujeres de negocios que sólo piensan en cómo ganar dinero, más dinero. Durante la vigilia y durante el sueño. No descansan. Para conseguirlo son capaces de cualquier cosa: robar, matar, traicionar, delinquir, mentir, quemar, inundar, envenenar, maltratar, torturar, sobornar, engañar, corromper, intrigar. Su sueño, su deseo, su gozo... es que bajen los impuestos. No son conscientes de que están enfermos graves de psique. Lo peor es que todos sufrimos de sus síntomas de malestar: su codicia es un peligro para los demás. El mundo del fútbol industrial les resulta atractivo porque hay mucho dinero que ganar.

Todavía hay algunos empresarios que creen que son los que generan riqueza. Casi nos dan lástima sus continuos lamentos. Pero ¿cómo podrían generarla sin el concurso de miles de trabajadores? y ¿cómo podrían generarla sin los ciudadanos consumidores? Qué ingratos resultan y qué altaneros. Su actitud es soberbia e irreal. Pero es que además están tan ciegos por su cultura empresarial que no ven que generar riqueza puede no ser lo más importante para la sociedad. Quizás deberían ser más valoradas aquellas personas que producen conocimiento, paz, convivencia, educación, cultura, salud. Parecen olvidar algunos «emprendedores» que querer producir riqueza es una de las causa, también, de la pobreza y de las guerras, de las muertes y de las violaciones de todos los derechos humanos, de la degradación del medio ambiente, de la destrucción de patrimonio cultural, del acoso laboral, de las enfermedades físicas y mentales, del maltrato animal, de la explotación humana, del tráfico de personas, de la envidia, del asesinato del disidente, de la corrupción política, de la financiación de dictaduras fascistas.

Trabajar es dedicar tu vida a una actividad ingrata. Salvo algo excepcional, como ganar dinero por actividades deportivas, culturales, intelectuales, creativas... el resto de lo que se paga es tiempo aburrido, latoso, cansado, ansioso, alienante, perdido. Desgraciadamente, desde que nacemos nos cuentan que debemos trabajar. Y así termina siendo porque entramos en una manera de vivir que nos obliga a hacerlo para poder formar parte de ella. Es una trampa de la que el ser humano no puede escapar. Pero es inteligente hacerlo lo menos posible y disponer de momentos para pasear, leer, estudiar, escuchar música, tocar un instrumento, pensar, hablar, escribir, dibujar, sexear, nadar, comer, beber, practicar deporte, presenciar un amanecer... Lo único que se me ocurre aconsejar es que no hay que crearse muchas necesidades para poder disfrutar de estos placeres y no dedicar tu vida, la única que tenemos, al trabajo.

Hay empresas que después de darte un servicio te piden que lo evalúes gratuitamente. No entienden que si ellas cobran por su trabajo nosotros también deberíamos cobrar por la retroalimentación. Al fin y al cabo, nuestra información les sirve para mejorar. Así que pónganse a pagar al ciudadano por sus opiniones.

Es fácil comprender que el pago en B, que te exigen ciertos autónomos, se haya popularizado. Nos hacen partícipes de sus delitos fiscales y no nos sentimos mal porque nos han enseñado que esto es lo «natural» y porque además nos subrayan que nos ahorramos dinero.

El negocio de las residencias de ancianos es boyante. Mi experiencia es que si tienes a un abuelo en casa es mejor que lo lleves a una perrera antes que a una multinacional residencial.

Los negociantes son unos trileros que sólo quieren nuestro dinero. Para conseguirlo nos honran, mienten, persuaden, alardean, engañan... Son eso que se llama inteligentes emocionales. Siempre nos pondrán buena cara. En casa, y fuera de ella, la publicidad de sus productos es ingente; imposible desprenderse de ella: agresiva, intolerable, abusiva, fatigosa.

Ritmo 2. Dirigentes. Corrupciones. Censuras. Fullerías

Parecería que el dinero podría ayudar al fútbol, pero es precisamente lo que va a acabar con él. Los buenos jugadores irán donde más haya, que será en los no lugares futbolísticos (espacios sin cultura de fútbol, artificialmente creada con talonarios). Despojarán las ligas «tradicionales» de grandes deportistas y serán tan poderosos económicamente hablando que tergiversarán los torneos de tal modo que se cumplan sus órdenes: equipos de Arabia Saudí jugarán la Champions League, la Eurocopa de naciones se llevará a cabo en los Emiratos Árabes y Qatar organizará el torneo veraniego Carlos Lapetra (considerado el mejor jugador —y su hijo Christian el peor presidente— del Real Zaragoza de todos los tiempos). Aunque pensándolo bien quizás nos hagan un favor y limpien de codiciosos el terreno de juego pudiendo ver en el campo a personas que se entretengan jugando con un salario justo.

Se asemejan a reyes medievales sentados en su trono. Esa es la imagen despiadada que proyectan los jeques (españoles y árabes; cristianos y musulmanes) durante el torneo de la Supercopa de España de fútbol que se celebra en Arabia Saudí. Los espacios indican simbólicamente el estatus y hay tontos que los usan para aparentar distinción.

Los dirigentes del fútbol han olvidado que están en la industria del entretenimiento. Los partidos son soporíferos: no hay incertidumbre, ni alegría, ni goles, ni disputa. El resultadismo tiene a todo el mundo atenazado. Esta cultura conservadora se proyecta sobre los deportistas. La tecnología contribuye a que esto sea así: hace a los jugadores predecibles y el VAR excluye lo que puede convertirse en legendario. Deberían pensar que tienen que divertirnos. Probablemente así conseguirían mejores resultados.

Los magnates gobiernan el negocio; las clases populares, lo juegan. Si algo positivo tiene el fútbol es que ofrece a las personas humildes la posibilidad de conseguir una excelente profesión cargada de reconocimiento social (algo que sería imposible para estos sujetos en otros sectores productivos).

La construcción de estadios de fútbol es el gran objetivo de los dirigentes. Políticos y constructores babosean ante la posibilidad de cumplir este sueño. Puñaladas traperas, manipulación mediática, denuncias judiciales, conspiraciones y mucha paciencia... hasta que los más pillos se salen con la suya engrosando, para sus «familias», sus cuentas corrientes.

La corrupción es el problema fundamental del fútbol industrial. La putrefacción en este negocio es cotidiana. Nadie se atreve a denunciarla. La mayoría porque vive de esta podredumbre empresarial. Sobornos para obtener beneficios televisivos, dádivas para conseguir organizar torneos, acuerdos de resultados a cambio de un puñado de euros... La corrupción es al fútbol profesional lo que la radio COPE al taxi: inseparables.

En octubre de 2020 acababa de publicar *¡Cállate, papá!* cuando me entrevistaron en una radio deportiva y me propusieron escribir una columna semanal para su periódico. Yo no lo tenía claro porque no sabía si iba a ser capaz de redactar algo de interés cada siete días. No es fácil, ya que primero tienes que tener una buena idea y luego desarrollarla. Pues bien, se me ocurrió una: hablaba sobre el exilio de los zaragozanos como requisito para ser valorados en su propia tierra y lo ejemplificaba con un futbolista de la ciudad que tuvo que emigrar a otro club sin razones deportivas de peso. Envié el texto. Al día siguiente, por teléfono, me dijeron que el artículo era beligerante, que no iba a gustar a según qué personas, que no querían recibir una llamada telefónica... y si podía quitar, como mínimo, el nombre del futbolista al que citaba. Como cualquiera puede imaginar dije que no. Nunca más me volvieron a proponer la redacción de unas líneas. Así terminó mi colaboración gratuita en un medio de comunicación de masas, con periodistas miedosos y sumisos a los caciques de la ciudad que controlan que nadie opine diferente.

Cuando algunos directores deportivos salen de los clubes de fútbol comienzan a trabajar para empresas de representación de futbolistas a las que han favorecido mientras ejercían su cargo (hay quien incluso realiza las dos funciones al mismo tiempo). Están en un sistema de puertas giratorias organizado de tal modo que las camarillas nunca dejan de hacerse favores.

Para eliminar la marrullería prohibiría hacer cambios de jugadores en el tiempo que se alarga el partido. Durante este período, el único objetivo del equipo al que favorece el resultado es hacer fullerías. Los futbolistas fingen lesiones con aspavientos exagerados y gritando pavorosamente. Todo con el fin de perder tiempo y que no se juegue. Nadie debería ser premiado por perjudicar el juego sino por lo contrario.

El futbolista fullero finge: para que le piten falta o un penalti, para que sancionen al contrario, para poner al público de su parte. Es un tramposo al que nadie le ha enseñado honradez: aspavienta, se tira por los suelos, se queja, grita al caer. Es todo disimulo. No es un deportista. Es un bribón y su deseo es engañar.

La posibilidad de ser capitán permite a los niños más perversos recrear su maldad. Están dispuestos a cualquier cosa con tal de lucir el brazalete. Pero ¿para qué sirven los capitanes? En el profesionalismo, solo los nombraría como representantes del equipo para las relaciones laborales con la directiva y para saber a quién dirigirse para amañar partidos.

Según el diario *El País* del 24 de noviembre de 2021, «Karim Benzema condenado a un año de cárcel con suspensión de pena por el 'caso Valbuena'. La justicia francesa considera probado que el jugador del Real Madrid estuvo 'personalmente implicado' en el intento de chantaje por un vídeo sexual». Lo que parece cuestionable no es el comportamiento del futbolista, que ya ha sido condenado por la justicia, sino el hecho de que el día 28 de noviembre de 2021, jugando contra el Sevilla, lleve el brazalete de capitán. La pregunta es: ¿un chantajeador con quien se identifican miles de aficionados puede representar a un club? La enseñanza es que extorsionar no es para tanto. No he oído en ningún medio de comunicación preguntarse si está bien o no. A mí me parece razonable que quien ha cometido un delito tenga segundas oportunidades (en eso consiste la reinserción), pero no el doble rasero con el que se evalúa la delincuencia. A estas alturas ya no nos sorprendemos de que haya bandidos de diferente categoría: los protegidos por el poder y los que no lo están.

¿Soy el único que piensa que hay partidos de fútbol en los que se acuerda un resultado de empate? Nada más comenzar ya es fácil pronosticar el sospechoso resultado. Basta ver el juego y saber que el cero a cero conviene a los dos equipos. Los comentaristas en la televisión dicen que es un gran encuentro sin hacer ninguna alusión al dudoso marcador. Tal cerocerismo, sin que nadie lo ponga en entredicho, dice poco de las personas que lo materializan y de los que callan. Es corrupción cualquier marcador que se acuerda fuera del terreno de juego.

Los entrenadores de fútbol hacen cada vez menos las plantillas y las alineaciones. El once titular lo deciden también los directores deportivos, los patrocinadores, los representantes y la prensa en virtud de sus intereses y raras veces del talento de los jugadores. Asimismo, hay llamadas telefónicas de los padres, o de testaferros, para influir en el once titular. Solo un entrenador con dignidad dimite antes de sucumbir a las presiones de unos y de otros.

La presión psicológica sobre los equipos de fútbol se da en el campo y se produce en los despachos. Cuando no se puede con un equipo vencedor se organizan, entre bambalinas, actuaciones para tratar de debilitarlo. La prensa afín las ejecuta y crea la opinión pública. Los clubes que quieran conseguir victorias deberían saber que los partidos también se juegan fuera del terreno de juego.

Hay testaferros a quienes les meten el *pendrive* por el esfínter y cuando lo abren (el *pendrive*, no el esfínter) reproducen literalmente el mensaje del jefe. Lo perverso es que no lo hacen a duras penas, sino por gusto. Generalmente son exfutbolistas que ejercen de directivos y embajadores de la Liga, que rondan por los campos de fútbol, impecablemente vestidos, abrazando a unos y a otros. El trabajo de estos diplomáticos consiste en defender ciegamente los modos y maneras del patrono, a cambio de tener algo que hacer y de un salario.

Muchos hemos jugado al fútbol desde niños: en casa, en el colegio, en la ciudad, en los pueblos sin más objetivo que divertirnos un rato. Algunos entramos a formar parte de los clubes y comenzamos el juego federativo. A partir de entonces, nos encontramos con entrenadores torpes sin formación, con directivos maliciosos, con compañeros insulsos, pero también con seres humanos entrañables. Tuve la suerte de coincidir con unos pocos y quiero recordar a uno en particular: Javier Ruiz de Lazcano. Para mí ha representado a tantas personas que, como a él, les apasionaba el fútbol y se dedicaban a ello con esmero. Defendía a su organización y trabajaba por algo más que un sueldo. Por este motivo, escribí al Real Zaragoza el siguiente *e-mail* el día 4 de octubre de 2017, unos días antes de que falleciera. Todavía estoy esperando una respuesta.

> Sr. Presidente del Real Zaragoza S. A. D.:
>
> Como quizás sepa, Javier Ruiz de Lazcano (Chirri) se encuentra gravemente enfermo. Él ha sido durante muchos años coordinador de la Ciudad Deportiva (además de jugador y entrenador del Real Zaragoza) realizando su labor con gran éxito, debido a su excelente gestión, a su enorme honradez y a su incontestable zaragocismo.
>
> Por estos motivos, y otros relacionados con los anteriores, le ruego que considere la posibilidad de poner el nombre de Javier Ruiz de Lazcano a la Ciudad Deportiva. Estoy seguro que serían muchas personas las que aprobarían esta idea, ya que es muy grande el agradecimiento de tantos jugadores y profesionales de la cantera hacia Chirri.
>
> Dada la extrema gravedad de su enfermedad convendría tomar una decisión lo antes posible. Si fuera afirmativa estoy convencido que sería la mayor satisfacción que el club le podría dar a Javier en estos momentos tan duros para él. Soy consciente de que este

tipo de reconocimientos se dan, si es el caso, una vez que ha fallecido la persona, pero estaría bien romper con esta «tradición». Quizás fuera la última gran alegría que recibiría Chirri antes de fallecer.

Así pues, con toda la humildad del mundo, le ruego una vez más que considere esta propuesta no por quien la realiza sino por Chirri que, como he dicho, ha defendido la cantera del Real Zaragoza con tanta profesionalidad y pasión. En caso afirmativo, no dudo que sería una decisión bien considerada por el fútbol aragonés que demostraría una gran humanidad por parte de los dirigentes y que contribuiría todavía más a aumentar el prestigio de nuestro club.

Muchas gracias.

Luis Cantarero
Profesor Universidad de Zaragoza
Ex psicólogo del Real Zaragoza

Contexto 2. Otros mandamases con poder

Los policías locales también tienen derecho a almorzar. Claro que sí. Pero ¿por qué aparcan sus coches patrulla encima de la acera del bar donde engullen y los demás no lo tenemos permitido? Los policías nacionales también tienen derecho a ir a buscar a sus hijos a la salida del colegio. Claro que sí. Pero ¿por qué aparcan encima de la acera sus coches patrulla, delante del colegio, y los demás no podemos hacerlo?

Érase una vez un político al que además del ladrillo y la religión le gustaba la reputación. Érase un futbolista famoso al que le gustaba la popularidad. Su buena relación les venía bien a los dos. El primero usaba al segundo para conseguir votos y el segundo al primero para conseguir devotos. Lo cierto es que ambos persuadían al gentío que terminaba por aclamarlos, consiguiendo cada uno de ellos sus objetivos: uno, políticos —seguir en el cargo—; otro, psicológicos —sentirse admirado—.

«Okupar» es una acción mal vista cuando se trata de un sujeto (o grupo de sujetos) que entra en una casa abandonada para vivir en ella. No está mal vista cuando la Iglesia se apropia de bienes inmatriculados, los israelitas de territorio palestino o los marroquíes del saharaui. Religiones, constructoras, industria de armas, petroleras, de seguridad privada: la ocupación se reprime si lo único que se quiere es vivir en un espacio desatendido, pero se justifica si de lo que se trata es de ganarse la eternidad y de hacer dinero.

Hacerse la foto. Esta es una práctica habitual de ciertos políticos. Entiendo que alguno se vea en la obligación de hacérsela, pero lo que no concibo es al que le gusta. Posa por vanidad y por interés. No he visto a ningún cirujano que se haga una fotografía al salir del quirófano, ni a ningún maestro al abandonar la clase. Esta práctica es para lerdos rodeados de su corte, de la prensa afín y de la policía, no sea que al pueblo se le ocurra portarse mal durante el acto fotográfico.

Llegar el último mientras todos te esperan es sinónimo de poder. Cómo se recrean algunas personas, cuánto les gusta que todas las miradas recaigan sobre ellas. También suelen ser las primeras en abandonar el espectáculo como si estuvieran tan ocupadas que su presencia resultara imprescindible en otro lugar. Lo que no saben es que la gente verdaderamente responsable y respetable suele llegar la primera y marcharse la última.

¿Por qué odiar es un delito? Puede ser un problema de carácter, pero no debería ser siempre una infracción. Habría que matizarlo. El asunto es que los odiadores quieren disponer de la exclusiva emocional. Propagar el odio hacia los que lo propagan no debería sancionarse. Odiar a los odiadores no sólo no es problema de personalidad sino una postura legítima. Odiar a un fascista, por ejemplo, nunca debería ser considerado un delito. Así que el sentimiento de odiar tendría que ser analizado para ver si tiene sentido y está justificado. Tal y como está la cosa, el «delincuente» de odio es una víctima de los odiadores.

Solo alguien que aplaude, celebra, glorifica, se mofa, de la tortura, asesinato y enterramiento en una fosa común de miles de personas se puede negar cruelmente a que sean desenterradas e identificadas. ¿Pero qué daño hizo tanta gente como Federico García Lorca para que los acribillaran y sigan desaparecidos? Ser homosexual, demócrata, culto, republicano... no lo soportan los franquistas porque les envidian. Hay que ser canalla para derogar una ley de memoria democrática.

De una víctima del terrorismo franquista a dos víctimas del terrorismo etarra: sufristeis la crueldad de que asesinaran a tu hermano y a tu padre, pero ¿qué os parecería si además los hubieran arrojado a un agujero en la tierra? ¿Qué os parecería que los estuvierais buscando sin saber dónde están? ¿Qué os parecería que sus asesinos les hubieran quitado sus propiedades? ¿Qué os parecería si vuestra familia hubiera tenido que migrar y soportar la estigmatización? Hoy disfrutáis de apoyo social; os permiten reivindicar la memoria de vuestros familiares viajando por toda España; establecéis fundaciones con el nombre de vuestros muertos; el derecho os protege: alguna «paguita» habéis recibido. Mientras tanto vuestro partido político deroga una ley que a las víctimas del terrorismo franquista nos facilitaba la búsqueda de nuestros familiares disparados, abandonados, olvidados, torturados, humillados, desaparecidos y negáis a miles de personas lo que demandáis para vosotros. ¿Cómo queréis que sintamos empatía por vuestro dolor cuando vosotros ahondáis conscientemente, una y otra vez, en el nuestro?

EE.UU. con el apoyo de Reino Unido y del Partido Popular en España decidió acabar con Saddam Hussein bombardeando Irak (2003), justificándolo con mentiras, y de paso destruir ciudades, asesinar a un millón de personas y desgraciar las vidas a todos los demás habitantes. Lo hicieron porque sabían que Hussein era débil y no tenía poder como para responder a los invasores. ¿Por qué ahora no invaden Rusia para acabar con la guerra en Ucrania? Porque a Putin le tienen miedo. La respuesta de los iraquíes (de sus vengadores) fueron los «atentados» de Madrid (11 de marzo de 2004). Rusia sería capaz de hacer mucho más daño. Además, para los occidentales, las vidas de los iraquíes no valen lo mismo que las de los ucranianos. ¿Cómo se puede dormir tranquilo habiendo colaborado en el asesinato de tantos seres humanos?: haciendo abdominales como un poseso y jugando al pádel. Está claro que el deporte también es útil para calmar la mala conciencia.

Los sádicos hacen lo que sea para hacer daño a los seres humanos. Tengo para mí que los servicios secretos israelitas no son tan tontos como quieren hacernos creer. A mi juicio, en octubre de 2023, no es que no se dieran cuenta del peligro de Hamás sino que los dejaron hacer como excusa para aniquilar posteriormente a los palestinos.

La maldad no es biodegradable. Lo peor del perverso es que cuando fallece no deja de tener influencia. Deja su rastro y sus seguidores continúan su legado. En España, por ejemplo, casi cincuenta años después de la muerte de Franco su mentalidad fascista sigue vigente en los familiares y amigos de los caciques de entonces, que se enriquecieron en esa época robando los bienes de las personas a las que asesinaron y aprovechándose de la protección de la dictadura para hacer negocios y progresar en su carrera profesional. Hoy siguen mandando. Y además, y lo que es peor, alimentan a tantos sujetos que comparten su pensamiento belicoso. Cuando fallece el padre o la madre del cacique su semilla crece en sus hijos; su impronta, y sus métodos maltratadores permanecen en sus descendientes que siguen comportándose malvadamente como lo hicieron sus progenitores.

Hoy 6 de febrero de 2023 he visto en las noticias de la televisión aragonesa el derrumbe, por explosión programada, de la torre de Endesa en Andorra, Teruel. Yo he jugado al fútbol en este lugar, durante cuatro años, y esa torre representaba algo para mí. Ver su pérdida es triste. ¿Cómo se puede permitir y aplaudir la destrucción del patrimonio arquitectónico industrial? Qué pobreza mental la de los que lo han permitido.

Zaragoza es una ciudad donde no ha habido ningún miramiento para destruir la cultura material y simbólica. Hay personas concretas que la han saqueado por intereses espurios (y lo siguen haciendo): los político-constructores de edificios y de ideología. Cómo nos han empequeñecido. En su día hicieron desaparecer el *ballet* público; restos romanos están abandonados repletos de suciedad; donde había buena arquitectura hay un horripilante edificio de Ibercaja o edificaciones funcionales; inmuebles históricos están en desuso y en decadencia para justificar su derrumbe; plazas «tradicionales» se convierten en no lugares; se censura la difusión del pensamiento, se arremete contra la lengua aragonesa. Los que conocen estos hechos no los hacen públicos y se pierde información sobre los acontecimientos más dolorosos de destrucción consciente de nuestra cultura.

Hay idiotas que piensan que el fútbol es de idiotas y hay idiotas en el fútbol que justifican esta afirmación. Los primeros son engreídos sin fundamento y los segundos desinteresados de la cultura. Pero los dos forman parte del mismo grupo: el de los idiotas.

El fútbol provoca distintas reacciones entre los que desean aparentar cultura. Hay disfrazados de intelectuales que gesticulan con desprecio su rechazo: no hay nada más que ver la cara que ponen cuando cae en sus manos un libro sobre fútbol, como si le plantaras un montón de heces en sus manos. Creen que es el entretenimiento del populacho, inculto y borrego, o puro negocio para los especuladores. Un segundo tipo de listos dan a entender con entusiasmo que lo aprecian porque queda bien estimar el folclore, y parecer del pueblo llano, aunque lo hacen con tanta altanería que no son creíbles. Hablan de él con un barroquismo a través del cual nos quieren hacer creer que son grandes pensadores. Lo mejor que le puede pasar al fútbol es que unos y otros se mantengan al margen y nos dejen a los demás practicarlo y pensarlo sin ser juzgados.

Leyendo la biografía de Antonio Machado escrita por Ian Gibson[5], te das cuenta de que la rabia que sientes por tener que convivir con el caciquismo, la ignorancia, el abuso de poder, el servilismo... ya la sufrió el escritor republicado hace cien años. Consuela un poco saberlo y aprender, como él, que al final tuvo que exiliarse, a mantener tu criterio e intentar crear. Es muy triste comprobar que, en tantas cosas, todavía vivimos en aquella España de comienzos del siglo XX.

Ritmo 3. Nepotismo

Cuando yo jugaba al fútbol un entrenador se hacía cargo de todo. Ahora, miras al banquillo y no das crédito. Hace falta un graderío para sentar, militarmente uniformados, a todos los amigos: al entrenador, al segundo entrenador, al hijo del entrenador, al hermano del entrenador, al calentador físico, al rehabilitador, al fisioterapeuta, al enfermero, al podólogo, al osteópata, al delegado, al utillero, al de mantenimiento, al guarda de seguridad, al tipo de prácticas de entrenador nivel C, al tipo de prácticas de preparador físico, al tipo de prácticas de fisioterapeuta, al *scouting*, al tipo de prácticas del *scouting*, al que sostiene el trípode del vídeo del *scouting*, al técnico *big data*, al ayudante del técnico del *big data* que sostiene la *tablet* y el móvil,

[5] Ian Gibson, *Ligero de equipaje. La vida de Antonio Machado*, Debolsillo, Barcelona, 2016.

al *coach*, al motivador, al facilitador, al psicólogo, al conductista-cognitivo, al coordinador de cantera, al coordinador de la academia, al que guarda las herramientas, a la hija del coordinador de cantera, al metodólogo, al epistemólogo, al odontólogo, al urólogo, al ginecólogo, al optometrista, al lameculos del coordinador de cantera, al que le hace la pelota al jefe de metodología de la cantera, al adjunto al coordinador de la cantera, al trepador social que se quiere convertir en delegado para luego llegar a ser entrenador... y siete jugadores (el yerno del entrenador, el representado por su representante, el hijo de un director deportivo, el hijo del entrenador, el hijo del papá millonario, el novio de la hija del entrenador y un futbolista). Cuando yo jugaba, se jugaba al fútbol; ahora, se juega a otra cosa.

En el fútbol industrial hay cuadrillas, de un número de personas no muy amplio, compuestas por una mezcla de diferentes profesionales como gestores, entrenadores, futbolistas, psicólogos... Se mueven de un club a otro para trabajar. Las suele liderar un *míster* o un director deportivo. Cuando uno de sus miembros es contratado moviliza a los demás. Allá donde van imponen sus maneras y solo se relacionan con nuevos sujetos por necesidad. Son microgrupos herméticos, casi sectarios, cuyos individuos se apoyan entre sí para buscar sustento. Desafortunadamente o perteneces a una o es difícil trabajar en este negocio.

Poco se ha escrito sobre los segundos entrenadores. Me parece que es un puesto que se utiliza para dar cobijo a los amigos: los que han fracasado como futbolistas y ahora no tienen otro oficio, a exfutbolistas profesionales que no saben qué hacer con su vida, o a familiares a los que hay que echar de comer. También es cierto que algunos primeros enterradores incapaces se rodean de segundos entrenadores que son los que realmente tienen el conocimiento.

Vemos cotidianamente cómo los familiares viven a costa de los deportistas. Tantos que han dejado de trabajar para parasitarlos: alguna mujer, a su marido; algún marido, a su mujer; hermanos e hijos, a sus papás; el tío, a un tenista; los padres, a sus hijos. En España, estamos acostumbrados a las sanguijuelas y al caciquismo. Tal es así que la jefatura del Estado se hereda. No hay que hacer ningún esfuerzo para adquirir poder; solo hay que nacer en la familia adecuada. ¿Qué se puede esperar de los súbditos cuando el Estado tiene a su capo en el extranjero; a su ex yerno, en prisión por robar; al nieto de picos pardos? Hemos aprendido y vemos como «normal» que para adquirir poder no hay que esforzarse sino nacer en el lugar adecuado. Sin embargo, quienes menos esfuerzo han hecho por obtener una profesión son los que más pregonan la importancia del mismo.

Si quieres ascensión social, llega un momento en que no basta con tus méritos. Hay un techo de cristal que impide tu progresión, que depende de tus relaciones con los mandamases. Si no perteneces a la Iglesia, a un partido político o a las familias con poder, se te cierran muchas puertas por más currículum que tengas: «Verás, vivimos en una economía basada en lamer culos. (...) el problema es que hay mucha gente cualificada que no está donde tendría que estar porque no le lame el culo a nadie, o no sabe qué culo lamer, o ni siquiera sabe lamer un culo», dice Chimamanda Ngozi Adichie[6].

Contexto 3. Humanitarismo de escaparate

Es una evidencia que a lo largo de la historia ha habido personas que han luchado y se han jugado la vida por conseguir derechos. Aunque parezca paradójico, por este motivo, los han difamado, denunciado, encarcelado, asesinado, violado. Una vez conquistados, los insidiosos son los primeros que se aprovechan: conservadores que se divorcian, homosexuales de derechas que contraen matrimonio, militaristas que optaron por la objeción de conciencia, antiabortistas que abortan, cristianos que solicitan la eutanasia...

La victoria suprema del capitalismo es el voluntariado. Se trata de satisfacer una demanda a coste cero proporcionando de manera fácil beneficios empresariales.

[6] Chimamanda Ngozi Adichie, *Americanah*, traducción de Carlos Milla Soler, Random House, Barcelona, 2020, pág. 113.

Muchas veces quien atiende el «servicio» no tiene ninguna preparación; otras, son universitarios que se ven forzados a hacer currículum sin derechos laborales. A los voluntarios de la ayuda no les queda otra que entrar en este sistema de explotación laboral si quieren tener alguna posibilidad de empleo, porque para conseguirlo suele ser un requisito imprescindible el haber transigido. Los inspectores de trabajo deberían acabar con esta labor gratuita y habría que ofrecer más oferta pública para trabajadores de la intervención psicológica y social. Pero es más provechoso mantener la industria del voluntariado para enriquecer a emprendedores del cuidado del sector privado y para cubrir, aunque sea mal, la gran demanda experta que requiere la atención de personas necesitadas de apoyo que, en la sociedad neoliberal, valen cero, ya que son un gasto improductivo.

¿Por qué no se promociona el voluntariado para realizar informática, dirigir bancos, practicar la ingeniería, dar misa o llevar a cabo operaciones quirúrgicas? Se nos ha hecho creer que cualquiera puede realizar ayuda humanitaria cuando no es así. Es más complicado auxiliar a los demás que realizar cualquiera de las tareas comentadas. Como se ha impuesto esta manera de pensar, los médicos, los ingenieros, etc., encuentran empleo porque hay que tener aptitudes para realizar sus acometidos y las trabajadoras sociales están destinadas al desempleo porque, según se cree, lo que hacen no requiere de capacidades. En una sociedad donde tampoco se valora la cultura no es de extrañar que historiadores, antropólogos, filósofos, escritores, editores y filólogos tengan muy difícil vivir de su profesión.

Qué lástima dan los comerciales de la ayuda humanitaria. Son chavales jóvenes, algunos graduados universitarios, a los que no les queda otro remedio que merodear por las calles céntricas de una ciudad, intentando convencernos para que compremos su producto: donar dinero a una multinacional como Cordero de Dios, Fans de la Biblia, Combatir el Stress Internacional, Liga de los Últimos Seguidores de Cristo, Auxiliar a la Humanidad Necesitada de Ternura, Convoy de la Esperanza, Salvemos a la Viuda de Guerra, Cruz Roja, Ozanam, Cáritas, Unicef, Acción Contra el Hambre, Médicos Sin Fronteras, Medicusmundi... Los evitamos con excusas amables. ¿Qué salario pueden percibir estos trabajadores? Supongo que irán a comisión mientras que sus empleadores tienen un sueldo no vinculado con el aumento de la clientela. Pero es que además ¿cómo se puede tener tan pocos escrúpulos para comerciar con las víctimas de la pobreza, de la guerra, de la enfermedad?

El humanitarismo de escaparate. Ha comenzado la guerra en Ucrania, finales de febrero 2022. Comienza el negocio. Las empresas de armas aumentan la producción; las constructoras ya están haciendo números. Es el momento adecuado de echarse a la calle a pedir dinero a la ciudadanía: pide la Iglesia, piden los supermercados, piden las organizaciones no gubernamentales... Todos esperan sacar tajada de la apariencia de benefactores. Los ucranianos, mientras tanto, morirán, sufrirán, se empobrecerán, huirán de su país y el día que quieran los medios de comunicación occidentales caerán en el olvido.

El progre es un tipo/a de aspecto desaliñado que protesta contra las causas que le gustaría liderar. Así, el maltratador de mujeres se sitúa en primera fila de la manifestación contra la violencia de género, el maltratador de jóvenes en un instituto asiste a las protestas contra la violencia a los niños palestinos, los maltratadores de maestros lideran las AMPAS haciéndonos creer que les importa el funcionamiento del centro, los maltratadores de la cultura se hacen bibliófilos, etc.

Ritmo 4. Futbolistas manufacturados

Están de moda *tablets*, ordenadores, teléfonos móviles, chalecos GPS, VAR, chinos, videocámaras, cronómetros, plantillas ergonómicas, bebidas energéticas de colorines, papillas nutritivas, conversaciones electrónicas, *foam rollers*, etc. Se supone que todo está al servicio del rendimiento del futbolista manufacturado, pero ¿dónde está el ser humano futbolista, que siente y piensa, que debería ser escuchado?

El futbolista engominado debería dedicarse a la abogacía, no al fútbol. Un entrenador tendría que aconsejar no usar la gomina. Para ser respetado por los contrarios hay que acercarse a tu aspecto más «natural», más salvaje. Pero los jugadores obsesivos de su imagen mantienen la raya del pelo inamovible, gracias al pegamento capilar, pase lo que pase en el campo. A mi juicio, no se puede jugar bien al fútbol si no se goza del placer de despeinarse, de ensuciarse, de sudar, de revolcarse por el césped. Limita el rendimiento el deseo de permanecer atractivo.

A los jóvenes les ha dado por vapear en el vestuario antes y después de los entrenamientos, antes y después de los partidos. Años atrás se fumaba, se tomaba café. Ahora la moda es el vapeo. Lo practican de manera gregaria. Para mí no es algo que tenga que ver con la moral sino con la mentalización. No sé si los jugadores distinguen si están de fiesta con los colegas o van a jugar al fútbol.

El tatuaje no asusta porque sí. Símbolo de identidad del futbolista machote, al timorato le sienta ridículo.

Hay jugadores que piensan que su mal juego es culpa de los demás: los compañeros no les pasan, todos regatean; el entrenador no les pone en su puesto, el árbitro se equivoca, el balón está duro, el campo está mal, los vestuarios son pequeños. Suelen creer también que merecerían jugar en un club mejor. El trabajo con ellos consiste en intentar cambiar su mentalidad. Después de haberlo intentado y fracasado, no queda otra que despedirlos. No por ellos, sino por el equipo: para que no contagien su actitud egocéntrica recalcitrante.

El futbolista del futuro saltará al campo con pinganillos en las orejas y los entrenadores le darán indicaciones sobre cómo moverse, cuándo chutar, en qué momento perder tiempo, la manera en que debe fingir una lesión. El peligro es que este tipo estará tan perfectamente programado que lanzará todas las faltas por la escuadra. Ya no habrá errores, ya no habrá fútbol.

En un partido de fútbol, una parte de la comunicación no verbal se observa al lanzar faltas o saques de esquina. Generalmente los jugadores usan los brazos para informar de lo que quieren hacer. Algunos parecen ridículos: generan una expectativa en el público de que algo grande puede ocurrir, pero todo se queda en agua de borrajas. Lanzan su tiro flojo sobre el área para que la defensa contraria lo despeje con facilidad y sus compañeros se pregunten de qué ha servido ir a rematar.

Contexto 4. Sexualidad

«... las personas de ideas sucias son las que piden que todos debiéramos usar trajes de baño de dos piezas», dice A. S. Neill[7].

[7] Alexander Sutherland Neill, *Summerhill*, traducción de Florentino M. Torner, Fondo de Cultura Económica, México, 2001.

Recuerdo mi clase de sexualidad en los escolapios, en los años setenta del siglo pasado, a cuarenta niños adolescentes, en séptimo u octavo de EGB. Un sacerdote, que repartía unas hostias (no sacramentales) de campeonato con la mano abierta en la cara del alumno, se acercó a una puerta. Sacó una llave y la metió en la cerradura moviéndola de un lado para otro. Cuando terminó la extrajo y nos dijo que si teníamos dudas se las preguntáramos a nuestro padre. ¡Cualquiera le preguntaba en aquellos tiempos!

Lo más probable es que los futbolistas que se duchan con los calzoncillos puestos hayan recibido una formación sexual religiosa de la que no pueden escapar. Hay jóvenes tan reprimidos que no se duchan después del entrenamiento junto con sus compañeros en el vestuario. La vergüenza del propio cuerpo, el pudor a mostrar los genitales, es el resultado de esta educación sexual. Aún hoy en día, se nos reprime la expresión de nuestra sexualidad y lo que se nos enseña es a silenciarla. Qué duda cabe que las religiones tienen que ver. Cómo se puede aconsejar algo tan inhumano como el celibato, que es uno de los castigos más crueles hacia una persona (el que lo sufre queda incapacitado para vivir); cómo se puede condenar la masturbación; cómo se puede poner cara de asco cuando hablas de pasear en pelota por una playa; cómo se puede obligar a nadie a llegar virgen al matrimonio; cómo se puede matar a alguien por llevar a cabo relaciones homosexuales. Sexo, género, sexualidad, homosexualidad, heterosexualidad, intersexualidad, transexualidad, bisexualidad, intercambio de parejas, prostitución, masturbación, relaciones extramatrimoniales, erotismo, etc. No todo es lo mismo, pero influye, según cómo se entienda, en el bienestar/malestar personal. Se nos ha impuesto el oscurantismo. Todo tiende a callarse; se oculta, pero ahí está. Se debería saber que el tabú en estos asuntos silenciados es uno de los principales factores de las agresiones y del acoso sexual a las mujeres y del tocamiento de los genitales de los niños. Los cohibidos sexuales son los primeros candidatos a ejercer estas prácticas. Mi hipótesis es que cuanto mayor es la represión más aumentan los mirones y los pederastas y más posibilidades existen de acabar en una manada.

Ritmo 5. Entrenamiento: la interacción entre iguales

No se llevan la lentitud, la paciencia, la tranquilidad, el largo plazo... que son los requisitos para formar buenos deportistas, buenos estudiantes, sujetos en interminable desarrollo.

La mejor manera de aprender a entrenar a un grupo de deportistas es observar cocinando a las abuelas: esas mujeres humildes, sabias, que han dedicado su vida al cuidado de su familia. Vivieron una época dura trabajando en casa como esclavas y fuera del hogar explotadas por distintos «señores». Pero hoy mantienen la alegría de vivir y el cariño por lo que hacen. A la hora de alimentar a la familia, compran los ingredientes perdiendo tiempo en los mercados, sin escatimar gastos de su escaso presupuesto, seleccionando las tiendas y los víveres. No se quejan. Después viene la cocina artesanal, delicada, paciente, casera, cuidada, abundante, sabrosa, con mimo: limpiar los alimentos, cocinarlos lentamente, dotarles de gusto. El resultado está asegurado: excelente y copiosa comida en la mesa, buena comensalía, sobremesa dicharachera y siesta profunda.

La nutrición deportiva es control, industria, sanción, amenazas, miedos, represión, autocensura, aburrimiento, homogeneización, autoritarismo, obsesiones, antivida... La alimentación deportiva es conversar, humanizar, sobremesa, relaciones, identidad, conocimiento mutuo, sociabilidad, alegría, amistad, democracia, convivencia, placer, vida... La nutrición produce preocupaciones, tristezas, neurosis, enfados, culpa; la alimentación, conlleva buenos resultados sociales y deportivos.

La comensalía es entrenamiento. Fútbol y alimentación son hechos sociales que van de la mano. Las antropologías del deporte y de la alimentación han realizado suficientes etnografías que lo han constatado. Jugar juntos implica comer juntos. Compartir el vestuario implica compartir la mesa. Comer con los compañeros no es reponer fuerzas (algo que compete a la nutrición) sino sociabilidad: reír, llorar, conocerse, hablar de la vida, etc., ingiriendo sabrosos alimentos y bebidas. Las amistades nacen y permanecen jugando y comiendo. Aunque los amigos son pocos hay que conservarlos sea como sea. Hay que comprender que, por estúpido, no vale la pena poner en peligro las buenas relaciones. Si hay algo importante en la vida son los estupendos momentos que compartimos con los demás. No hay nada más entrañable que ver a un grupo de jóvenes tomando el aperitivo un día cualquiera en la misma mesa, años después de haber estado juntos en un vestuario. Este es el mejor de los resultados del fútbol: las amistades. Hay quien no lo entiende porque le ciega la codicia, como a Scrooge, protagonista de *Cuento de Navidad* de Dickens, y su prioridad es la riqueza.

Como dice mi hijo Teo los buenos entrenadores son los de menú del día casero: los del vino con gaseosa para comer; los malos, los de esferificaciones, confituras, aromas, leche frita sin freír y movimiento del vino de la copa... En el primer caso, los equipos disfrutan, juegan, comen; en el segundo, se aburren y pasan hambre.

Desde hace años sabemos gracias a Vigotsky que la interacción entre iguales favorece el desarrollo cognitivo. Esto quiere decir que la clase magistral del maestro debería haber pasado a la historia por ineficaz para la enseñanza. En el fútbol, sin embargo, los entrenadores siguen erre que erre comportándose como los docentes anticuados: disponen a sus alumnos en círculo (en una sala o en el terreno de juego) y les dicen cómo tienen que jugar. Una y otra vez les dan instrucciones como si lo supieran todo: cómo sacar y defender los saques de esquina y las faltas, cómo atacar por una banda o por otra, cuáles son las virtudes y los defectos de los jugadores del otro equipo... El resultado es que el jugador adopta una actitud pasiva y no aprende. Luego en el terreno de juego sigue dependiendo de las indicaciones de los técnicos porque no ha comprendido cómo resolver situaciones de manera autónoma. Para que todo fuera distinto habría que responsabilizar a los jugadores de su aprendizaje. Deberían evaluarse a sí mismos e informarse de los rivales para compartir con los compañeros datos sobre el juego de los equipos contrarios. Conjuntamente, tendrían que participar en dar soluciones a través de tareas que podrían proponer, ellos mismos, para llevarlas a cabo durante las sesiones de entrenamiento. Todo esto implicaría que el entrenador asumiría un papel radicalmente distinto al actual, siendo menos directivo. Habría que transferir la responsabilidad del aprendizaje a los futbolistas para que se instruyan trabajando con sus iguales.

En el fútbol sólo un jugador toca el balón durante un partido. ¿Qué hacen los otros veintiuno que están en el campo? Deberían participar de algún modo, pero a veces pasan el rato sin ayudar a los compañeros (por lo menos en los malos equipos). Enseñar a jugar sin balón es una de las cosas más difíciles de este juego.

Jugar al fútbol es fallar. Sin fallos no hay fútbol. En un partido, los deslices de porteros, defensas, centrocampistas, delanteros y árbitros forman parte del juego. Obviamente no todos tienen las mismas consecuencias ni se consideran de la misma manera. Hay muchos tipos de errores con intenciones, significados y consecuencias distintas. Los no forzados son los que hay que evitar (a veces son consecuencia de la fatalidad y otras de la frivolidad); los provocados por el rival se justifican mejor. Por eso, no todos los errores resultan perdonables: aquellos que son consecuencia de la vanidad o intencionados. Hay que analizar los motivos por los que se cometen y ser magnánimos o no. El día que nadie se equivoque se acabará el fútbol, por lo tanto, vamos a seguir fallando para seguir jugando, salvo cuando se trata de equivocaciones *ad hoc*, que es cohecho, y de las que provienen del VAR, que es prevaricar.

Para mantener la fuerza física se proporciona a los futbolistas un menú semanal dictado, supongo, por el especialista en nutrición: el lunes deben comer ciento cuarenta gramos de pasta con tomate y para cenar ensalada y doscientos gramos de patata; el martes... No he visto nada igual para el cuidado de la mente. Si tuviera ocasión incluiría como obligatoria la lectura diaria de las páginas de unos cuantos libros y la escucha de unos momentos de música. Por ejemplo, el lunes cincuenta líneas del *Así habló Zaratrusta* de Nietzsche y unos minutos del *Invierno* de Vivaldi; el martes... Ambas actividades —lectura y música— se podrían realizar conjuntamente por los futbolistas en el club o individualmente en casa. Para mejorar su rendimiento, los deportistas deberían leer y practicar música. Tal vez algún día los entrenadores más innovadores sean capaces de dedicar tiempo a la semana a que los jugadores lean y toquen un instrumento. ¿Cuándo se van a dar cuenta de que la mentalidad es lo que realmente influye en el juego? Qué lejos estamos de ver este tipo de propuestas en un deporte donde no predomina la creatividad; en un deporte donde sus protagonistas (dirigentes, entrenadores, jugadores...) raras veces, muy raras veces, estudian.

Contexto 5. Colegio: trastero para niños

Comienza un nuevo curso escolar y con él las mentiras de siempre en relación con el gasto económico. Lo cierto es que gasta dinero quien quiere. Quien quiere libros nuevos, quien tiene la obligación de comprar uniformes. Muy poco se derrocha en la escuela pública, ya que hay banco de libros (veinte o veinticinco euros al año) gracias al cual los estudiantes trabajan con los textos usados por otros, se viste como personas libres y hay en casa innumerables lapiceros, bolígrafos, compases y folios acumulados a lo largo de los años. Apoyan las falsedades los negocios educativos (enseñanza concertada y privada y empresas de libros de texto, material de tecnología, ropa...). La enseñanza es gratuita hasta los dieciséis años. En España se valora poco este derecho.

¿Qué hago con mi hijo? Hay padres que creen que el centro escolar es un trastero. Cuando se suspenden las clases no lamentan que sus hijos puedan dejar de adquirir conocimientos; sólo les preocupa que no saben dónde «colocarlos». ¿Por qué los centros escolares tienen que solucionar la conciliación familiar? Son las organizaciones laborales las que deberían resolverla. Una escuela es un espacio para la educación, no un desván donde guardar lo que molesta en casa. Desgraciadamente, se ha convertido en un sitio para que algunos padres «depositen» a sus retoños durante el mayor número posible de horas aparentando que les importa lo que allí suceda cuando la realidad es que solo quieren quitárselos de encima porque les estorban. En el colegio se da de comer a los niños, se llevan a cabo actividades extraescolares y a veces se da clase. Da igual el aprendizaje, la salud, lo que se haga, lo que se coma, si llueve o si hace calor. Cuando se lleva a un niño al pediatra nadie solicita al doctor que se encargue de él toda la mañana después de la atención médica. Nadie pediría a un centro de salud que organizara un comedor y actividades extrasanitarias para los hijos que van al médico y así los progenitores puedan ir a trabajar. Las familias han conquistado mucho poder sobre los centros escolares hasta el punto de ser uno de los motivos fundamentales de la mediocridad actual de la educación. ¿Por qué hay padres que tienen hijos si les molestan?

Los que plantean que haya enseñanza de cero a tres años lo que proponen es ampliar el horario del trastero. Su preocupación no es la educación sino conseguir votos. Están creando un problema social porque el niño percibe ser una molestia en su casa, percibe desamor. Este niño-estorbo será incapaz de amar en el futuro y nos lo hará pagar a todos. Andará buscando de por vida ser querido, pero no sabrá hacerlo nada más que de modo patológico. Habría que denunciar a ciertos políticos e instituciones que con sus decisiones crean los problemas de salud mental de los que luego se sorprenden. Delegar el desarrollo psicológico y social a los centros educativos daña seriamente la subjetividad.

La violencia psicológica que ejercen los padres sobre los maestros de primaria es brutal y cotidiana. Durante años los papás y las mamás maltratan verbalmente a los profesionales de la educación: les insultan, les faltan al respeto, les menosprecian, se inventan rumores sobre su carácter, su familia y su labor profesional. Los grupos de WhatsApp de padres de los centros escolares están repletos de odio. Los maestros se callan, aguantan y no denuncian. Su malestar emocional permanece de por vida. La Administración se pone de lado. Hasta que un padre o madre no acabe en el juzgado por violento verbal no remitirán las innumerables agresiones orales que llevan a cabo.

Son cientos los comportamientos familiares inapropiados que se producen diariamente en los centros escolares. Las repercusiones negativas sobre el desarrollo psicológico y social de los hijos las desconocen sus propios padres; las repercusiones negativas sobre la enseñanza ya las sabemos: mal clima laboral, riesgos psicosociales de los trabajadores (estrés, miedos, dolencias psicosomáticas), conflictos entre familiares, docencia mecanizada, interacciones sociales superficiales, etc. En este ambiente, la educación tiene difícil arreglo. De lo único que se trata es de sobrevivir. Los administradores no lo comprenden y siguen empeñados en burocratizar la enseñanza sin tener en cuenta las opiniones de los maestros. Se creen que legislando se soluciona, pero no es así. Entre otras cosas, hay que modificar actitudes frecuentes de algunos familiares como las de los mamarrachos que se quejan sin sentido porque se ponen exámenes los lunes y les «joden» el fin de semana; los tacaños que son incapaces de pagar los diez euros al año que se les pide para cubrir algunos gastos, como fotocopias, o traen *tuppers* para que su hijo se lleve a casa la comida que se deja en el comedor; los estafadores que tienen becas de comedor y libros gratuitos al mismo tiempo que apartamentos en la playa y locales y pisos en alquiler; los delirantes de grandeza que creen que sus hijos son superdotados porque pagan por una evaluación para que se lo diagnostiquen; los que alucinan porque son jehovianos y creen que sus retoños no pueden bailar coreografías en Navidad o pintar cabezudos durante las fiestas del Pilar de Zaragoza; los desafiantes que tensan las relaciones con los maestros sólo por el placer de amedrentarlos; los canallas que creen que los profesionales solo quieren trabajar menos y cobrar más; los desconfiados que acusan de dejadez en el trato a los estudiantes; los cretinos que acusan a los docentes de maltrato psicológico sin razones; los explotadores laborales que piden que el profesorado trabaje fuera del horario; los mentirosos que ponen cualquier excusa para justificarse; los reaccionarios que impiden que a sus hijos se les hable de sexualidad, por ejemplo, no sea cosa que se conviertan en unos pervertidos...

Qué presión la de tener que enviar a tu hijo a estudiar a Estados Unidos, la de apuntarlo al campamento de fútbol en el extranjero, la de tener que estudiar ciencias porque las humanidades son inútiles, la de pasear por altas montañas o hacer esquí. Es muy difícil abstraerse de tanta moda destinada a aparentar.

Para que los colegios recuperen su esencia y el profesorado su dignidad hay que empezar por asegurarse de que los gestores estén cuerdos, restringir el poder de las asociaciones de padres y madres, eliminar la religión del plan de estudios, limitar los comedores y las actividades extraescolares. Ni los políticos dogmáticos, ni los padres ni las madres tienen que tener la autoridad sobre la evaluación de los estudiantes, la enseñanza, la gestión de los centros y el profesorado; ni las creencias religiosas, que son dogma y no ciencia ni pensamiento, deben impartirse en las aulas; ni tampoco los colegios son albergues donde hay que dar de comer a los niños, garantizarles la siesta y limpiarles el culo para que los padres tengan más tiempo libre, libre de sus hijos. El centro escolar es un centro escolar: se imparte asignaturas académicas y se interacciona con los iguales y con los maestros. Todo lo demás se debería practicar en el hogar o en los lugares de culto.

Lo que la gente no sabe es que los profesores de religión en la escuela pública son los únicos que no hacen un examen de oposición para trabajar en la Administración porque los selecciona el obispado. Pero lo más sangrante es que les paga el Estado. Si se quiere reducir gasto público, podrían empezar por cargar a la Iglesia el estipendio de estos trabajadores. Pero es que, además, nadie entiende que dispongan de unas horas lectivas en los colegios e institutos donde debe prevalecer la razón y no la fe. Injustamente hablando, el Estado también paga al profesorado de la escuela concertada su salario cuando son seleccionados por el clero.

Cuando hablo del AMPA y del resto de asociaciones de padres (FAPAR, CEAPA, etc.) me refiero a la asociación como tal gobernada en ocasiones por papás y mamás deseosos de nanopoder. Se han convertido en espacios de presión visceral sobre la gobernabilidad del centro escolar sin argumentos educativos.

Vaya colonialismo y vaya negocio se han montado los enseñantes de inglés: fútbol con inglés, campamentos con inglés, colegios e institutos bilingües con inglés, escribir artículos científicos en inglés, estudiar en EE.UU. con inglés, guías docentes en inglés. No somos conscientes de lo que implica todo esto: el peligro reside en que aprender este idioma es pensar a su manera, impregnarte de su cultura anglosajona de conservadurismo, quemaduras en la piel, chanclas con calcetines y *fish and chips*.

Pero ¿quién inventó la jornada de puertas abiertas en los centros escolares y en la universidad? ¿Cómo se le puede pedir a la dirección de un colegio público que lo enseñe para decidir si matriculas a tus hijos en él? Es como si te fueran a hacer una colonoscopia y pidieras al gerente de un hospital que te dieran un paseo por sus instalaciones para decidir dónde hacértela. Qué absurdo. Convierten a los responsables educativos en comerciales de la enseñanza. Lo puedo entender en los centros privados y concertados que tienen que vender su negocio, pero nunca en los públicos.

De todos es sabido que un niño puede suspender siete u ocho asignaturas en un centro escolar privado y pasar de curso con todo aprobado. Algo que no ocurriría jamás en uno público. En el primer caso, el cheque mensual hace posible lo imposible; en el segundo, el esfuerzo del estudiante es lo que garantiza su progresión escolar. No hay nada más antidemocrático. Pero que nadie se equivoque: en el futuro, los segundos estarán sometidos a las órdenes de los primeros.

Ritmo 6. Enterradores: «un tonto a las tres»

Hay personas *spam*. Si quieren entrar en tu vida, arrójalas a la papelera y vacíala.

Enterradores, a ver si os enteráis de lo más importante: al fútbol juegan seres humanos a los que hay que tratar como tales.

Hay una relación entre ser un vago y un falto de capacidad (para los estudios, el fútbol y la vida en general) y exigir histéricamente esfuerzo y talento a los futbolistas que entierras. Nadie debería permitir a estos «tontos a las tres» interaccionar con jóvenes.

Enterrador: al ajedrez se gana jugando al ajedrez; al tenis, jugando al tenis; al baloncesto, jugando al baloncesto; al fútbol, jugando al fútbol... los huevos sirven para echarlos a la tortilla.

Cómo se gustan a sí mismos los enterradores de fútbol cuando hablan a los jugadores. Corregirles, recriminarles, aconsejarles, gritarles, aleccionarles. En cierto modo, encuentran la misma satisfacción que aquellos propietarios de un perro que, frustrados existenciales, gritan y dan órdenes al animal para sentirse bien cuando el bicho les obedece ciegamente. Hay patrones que adoran mandar y someter y gozan con los humanos y animales que se muestran fieles a pesar del maltrato sufrido. Que los amos del perro apacigüen su neurosis con sus mascotas, pero sobran los enterradores traumatizados que no saben más que relacionarse con los deportistas como si fueran bestias sin raciocinio porque no entienden que la interacción con ellos, nunca deben ser amenazante.

Durante los partidos del fin de semana los enterradores escriben anotaciones en una libreta; consultan la *tablet*; realizan aspavientos y protestan; pasean, corren, saltan histéricos de un lado para el otro; permanecen de pie o agachados; visten deportivamente, de boda, informalmente; tienen cara de preocupación, resignación, alegría, mal humor. Sus gestos contribuyen a informar de entusiasmo o de enfado, rabia o sosiego, desequilibrio o control emocional... provocando desconcierto en los futbolistas. Debido a todos estos comportamientos, los jugadores no saben si están en un billar, en un *chiquipark*, en un chiringuito, de paseo por el campo, celebrando la primera comunión, en un velatorio, en una manifestación política, en una trifulca a la salida de la discoteca o jugando un partido de fútbol. Los enterradores deberían saber que su comunicación transmite a los futbolistas espacios, tiempos, vivencias, emociones, situaciones, pensamientos, ideas, imaginaciones, ilusiones, frustraciones, agresiones, miedos... La comunicación, verbal y no verbal, es importante y hay que saber cómo desempeñarla.

Creo, con mis amigos Raúl Jardiel y Enrique Falcón, que el carnet de entrenador de fútbol debería ser considerado un carnet por puntos como el de conducir. Habría que habilitar la manera de quitárselos al enterrador por cada uno de sus comportamientos inciviles. Cuando se quedaran sin puntos, los deberían recuperar matriculándose en un programa de formación del carácter. Las aulas estarían llenas.

El enterrador grita, blasfema, difama, eructa, menosprecia, agrede, insulta, presume, alardea, se pavonea, se gusta, amenaza, castiga, delira, ignora, provoca, corrompe, rebuzna, maltrata, aburre, atemoriza. Está acomplejado y es soberbio, ignorante y palurdo. Abunda en los banquillos porque es bien visto en la cultura del fútbol industrial.

No hay nada más desagradable que ver las caras de desánimo de los jugadores cuando acaban un entrenamiento. No hay nada peor que ver a uno de ellos llorar desconsolado por cómo ha sido tratado. El enterrador que lo provoca debería ser inhabilitado de por vida.

«Hostia», «Mecagüen mi puta madre», «Mecagüen Dios», «Haz caso de una puta vez», «Échale cojones», «Ya te puedes ir a casa si quieres», «Ahí tienes la puerta», «*Venir* aquí rápido, ¡va...! 10, 9, 8, 7, 6...». ¿Por qué somos tan permisivos con los enterradores de fútbol que hablan de este modo?

«Mecagüen mi padre». A las 19 horas entro en un campo de fútbol. Lo primero que escucho es a un enterrador, vociferando, cagándose en su padre mientras se dirige a un grupo de jugadores juveniles. ¿Esto es nutrición, táctica, estrategia, preparación física, *big data*? Obviamente es lenguaje, es psicología. Esta persona todavía no se ha dado cuenta de que su comunicación perjudica el rendimiento. Deja de enterrar a los deportistas y permíteles disfrutar de su afición.

«Intensidad», versión actual de «echarle huevos», es la palabra que usan los enterradores cuando no saben qué decir a sus jugadores para que jueguen mejor. Hablan a sus deportistas de todo menos de fútbol. Insisten en el ímpetu, aplauden, animan, reprimen, pero no enseñan. Esto solo sucede en el balompié. Si uno fuera instructor de ajedrez jamás se le ocurriría decirle a un pupilo que fuera intenso. Lo adecuado sería enseñarle ajedrez. ¿Se imaginan a un profesor de matemáticas o de lengua hablando a sus estudiantes de bravura? Es de suponer que deben enseñar la disciplina y animar a «quererla» y los alumnos tener capacidad para aprehenderla y estudiar para comprenderla.

Una parte de los enterradores proponen como estrategia a sus jugadores, para ganar partidos, el uso de la violencia física y verbal: dar patadas, empujones, pisotones, codazos, agarrones...; insultar, gritar, amenazar. La única respuesta para contrarrestarla es la resistencia psicológica: no perder los nervios. Lástima que los entrenadores rivales no se preparen a sí mismos ni a los futbolistas en mantenerse sosegados.

Qué desagradable resulta ver comer chicle a un enterrador mientras dirige un partido. Pierde su credibilidad, pierde su autoridad. ¿Alguien ha visto a un director de orquesta hacer lo mismo durante una actuación?

Los enterradores de fútbol aparentan estar enfadados. Les han hecho creer que esa es la actitud adecuada. No pueden vivir más equivocados. Por su salud mental y por la de los jugadores deberían recapacitar sobre si sonreír no es más beneficioso para incitar a jugar bien.

También piensan que a los padres deben evitarnos. Cuando se cruzan con nosotros, su comunicación no verbal los delata: cuerpo erguido, semblante serio, saludo breve, cara colorada, paso ligero. Así es imposible entrenar bien (enseñar), ya que los prejuicios hacia los progenitores incapacitan a cualquiera para trabajar con los descendientes.

Una imagen del enterrador es aquella en la que lleva un silbato colgado del cuello junto con la *tablet* debajo del brazo. Con el pito en la boca muestra que tantas prácticas siguen anticuadas. Dirigir a los futbolistas con él me recuerda cómo nos «enseñaban» los curas en las clases de gimnasia durante la escuela franquista. Todos en fila para saltar al potro, hacer una voltereta o dirigirnos hacia la espaldera. Los enterradores deberían dejar su uso para los policías que dirigen el tráfico y evolucionar desprendiéndose de este símbolo dictatorial, aunque no para acabar dependiendo de otro, como la *tablet*, que siendo moderno es igual de despótico.

El enterrador autoritario, maltratador, encuentra clientela entre los jugadores educados para la esclavitud. Hay personas que desde pequeños han sido castigadas, amenazadas, reprimidas en su casa y en los centros escolares por lo que les parece normal que un sepulturero haga lo mismo. Lo admiten. Solo los niños instruidos en libertad, críticos, están a disgusto. El resultado es el esperado: el enterrador premia el servilismo con la titularidad el día del partido y reprime la rebeldía con la suplencia. De lo que no se dan cuenta es de que si no fuera por los subversivos todavía estaríamos encendiendo el fuego chocando dos piedras.

Dicho de otro modo: el enterrador fascista quiere soldados obedientes en su equipo. Amos y esclavos funcionan bien. Las relaciones son verticales: yo mando y tú obedeces; yo lo sé todo y tú no sabes de nada. Las dos partes están encantadas. El jugador demócrata no acepta esta relación y está mal visto en el contexto dictatorial. Se le considera un rebelde, un disidente, un indolente. Si la visión del mundo de un entrenador es plural, democrática, horizontal, tiene que rodearse de futbolistas libres, porque los sumisos solo entienden la mano dura y andarán despistados si lo que quieres es que sean responsables y tomen decisiones. Así que hay que seleccionar bien con quién quieres trabajar de acuerdo con tu concepción del mundo. El autoritarismo con la gente libre no funciona como tampoco funciona la democracia con las personas proautoridad.

El once titular preferido de un equipo de fútbol dirigido por un enterrador pistolero no puede ser otro que el compuesto por aquellos a quienes más gusta dar patadas en la espinilla: un elenco de jugadores fascistas en clubes fascistas donde el salvajismo sea «natural».

Lo malo de un enterrador de fútbol mediocre, o de un maestro mediocre, o de un directivo mediocre, no es que lo sean, sino que nos arrastran a todos hacia la mediocridad. Los primeros, para justificar los malos resultados de su equipo, en lugar de pensar e intentar mejorar, responsabilizan a sus jugadores de falta de actitud. Pero ¿saben qué es la actitud? Y si lo supieran, ¿sabrían cómo cambiarla? Otro lugar común para justificarse, cuando se sufren derrotas humillantes, es usar frases como «Esta no es nuestra liga». El asunto es no recapacitar sobre si se está entrenando mal. Al fin y al cabo, de eso se trata: de entrenar a un grupo de deportistas para que jueguen mejor. Para ello, tienen que hacer frente a todas las facetas del juego: técnica individual, táctica colectiva, preparación física, trabajo psicológico, social y educativo. Pero no lo hacen y siguen una y otra vez reproduciendo sus mismos errores. Dada su cabezonería, y su escasa sensibilidad hacia el aprendizaje, terminan matando al equipo y, lo que es peor, acaban con las ganas de seguir jugando al fútbol. La actitud de desánimo, frustración, desilusión, tristeza, rabia de los deportistas (de los estudiantes) la generan los adultos mediocres. Para cambiar el talante de los jugadores, los enterradores anodinos deben comenzar por cambiar el suyo propio. Con los maestros vulgares de escuela, de instituto y de universidad sucede lo mismo. Inoculan de todo menos curiosidad, ganas de aprender y de vivir.

Hay enterradores que no explican en el entrenamiento lo que luego piden a los jugadores en el campo. Hay profesores que no explican en clase lo que luego piden a los estudiantes en los exámenes. Los jóvenes acaban desquiciados. Unos y otros son responsables de la angustia de sus aprendices.

Enterrador: ¿cómo se te ocurre pedir a los jugadores que no pierdan los nervios si te ven cómo los pierdes? Si te expulsan con tarjeta roja nada más empezar el partido por protestar, si al final del mismo andas detrás del árbitro diciéndole improperios. Careces de autocontrol, así que ¿cómo esperas que se comporten tus pupilos? Profesor: si no paras de amenazar, si aburres en clase, si eres un vago, si no asistes al aula con motivación, ¿qué esperas de tus alumnos? Padres: si no dais amor a vuestros hijos, ¿qué esperais de ellos? ¿A qué es debida, pues, la supuesta mala actitud de los jugadores/estudiantes/hijos? Quizás se deba a que la han aprendido de los adultos con los que interaccionan.

Lo que les ocurre a los enterradores de fútbol, básicamente, es que no saben relaciones humanas: negociar, perdonar, escuchar, hablar, amar, comprender, empatizar, resolver conflictos. El fútbol no es otra cosa que humanidad de ahí que sea tan difícil topar con un buen *míster*.

No creo que Vicente del Bosque sea el que más sabe de táctica ni de preparación física ni de nutrición ni de chalecos GPS, pero sí de interacción social. Por eso, es el único entrenador que ha ganado ligas nacionales, *champion leagues* y, con la selección española, una Eurocopa y un Mundial. Jamás le he oído vociferar desde el banquillo. Sin embargo, y a pesar de todo, los enterradores siguen idolatrando y copiando a los bravucones que no paran de gritar y de hacer aspavientos.

Pero ¿qué es un enterrador? Aunque es difícil concretarlo porque hay una variedad de factores psicosociales que los definen, todos ellos coinciden en el hecho de que acaban con la ilusión que tienen las personas por jugar al fútbol, les anulan la pasión por el juego hasta provocar el abandono. Un enterrador puede ser que haya jugado al fútbol mal, regular o bien o incluso que sea un exprofesional; por lo general, es un hombre, aunque conforme las mujeres vayan entrenando no descarto que también se conviertan en enterradoras (en realidad, ya las hay en otros deportes que no son el fútbol); tiene una edad variable: desde los trece años, que ya comienzan algunos a enterrar, hasta los setenta u ochenta; entierra en todas las categorías (desde niños de cinco años hasta a los profesionales) y a hombres y mujeres; puede haber realizado los cursos de entrenadores (la totalidad o una parte) y se crean y se reproducen industrialmente; también los hay que son docentes de entrenadores; generalmente tiene una formación de título oficial de Educación Secundaria Obligatoria, aunque los hay graduados universitarios; no es capaz de enseñar fútbol: prepara mal los entrenamientos, hace siempre las mismas tareas, aburre (los jugadores no saben a qué atenerse, no le comprenden); carece de formación en relaciones humanas y no entiende nada de lo que es un sujeto; no tienen capacidad en el trato consigo mismo ni con los demás; presenta problemas variados de personalidad: dogmático, autoritario, narcisista, matón, chulo, egocéntrico, prejuicioso, miedoso, aburrido; se comunica cruelmente: amenaza, reprime, atemoriza, castiga; es un ignorante, fanfarrón y arrogante; se hace respetar provocando miedo; usa frases hechas: «Me da igual quién seas...», «No me caso con nadie», «Si tengo que hacer (...), lo haré», «Mecagüen mi puta madre», «Ahí tienes la puerta», etc.; lo sabe todo y si algo va mal es porque los jugadores no le hacen caso; da lecciones a todo el mundo y su discurso triunfalista no es nada más que una muestra de su debilidad; hace tratos de favor: es injusto, bueno con sus amigos y familiares; no conoce a sus deportistas, no sabe lo que sienten ni lo que piensan y cuando habla con ellos solo habla de sí mismo; no sabe pensar, no estudia, no lee, no se hace preguntas, reproduce lo que han hecho sus predecesores... y también los hay pedófilos.

Contexto 6. Juristas

No he visto colectivo más arbitrario que los juristas. Si te tienen que condenar buscarán una línea de la ley, del decreto, del capítulo, del artículo que sea, para justificar una pena. Si te tienen que defender interpretarán la misma línea de otro modo para demostrar tu inocencia. Pongo un ejemplo de fútbol:

> En el minuto cinco de un partido, un entrenador fue expulsado por decirle al árbitro «Que sí, que espabiles, espabila ya» (según escribe el árbitro en el acta del partido). Una vez expulsado, el entrenador dice al árbitro: «Ya puedes hacerlo bien que te voy a grabar, espabila, espabila de una puta vez». Al acabar el partido, el entrenador «entra en el terreno de juego con actitud muy agresiva, se encara (...) y dice: "No tienes vergüenza alguna, no tiene nombre lo que has hecho hoy en el campo"». Según el acta, el entrenador adopta una actitud agresiva, levantando el dedo, y le amenaza: «Estaré donde me salga de los cojones que el partido ya se ha terminado y no me digas que me vaya porque te meto una y me quedo más a gusto (...), ¡que ya sé yo quién eres y te falta pitar mucho en segunda regional, eso te falta, y

> no vas a llegar a nada porque eres malísimo, que eres un sinvergüenza». Días después se sanciona al entrenador: «un partido por dirigirse a los árbitros en términos o con actitudes injuriosas o de menosprecio (artículo 117, sanción económica: 10 euros)» y «un partido de suspensión por el incumplimiento de la obligación de, tras su expulsión, abandonar el terreno de juego y dirigirse a los vestuarios, sin posibilidad de presenciar el partido desde la grada (artículo 114.2, sanción económica: 10 euros)».

Gran parte de los entrenadores que leyeron la sanción aseguran que a ellos, por mucho menos, los han sancionado con más partidos. Así pues ¿a qué es debido que una persona sea castigada con mayor o menor dureza ante hechos similares? ¿De qué depende que los artículos mencionados se interpreten de una u otra manera? Sencillo: es debido a que hay penas distintas según sea el poder del enjuiciado, es decir, según sean sus relaciones con los que interpretan el reglamento.

Se puede humillar a los maestros, a los médicos, a los futbolistas y a los políticos, pero ni se te ocurra decir algo en contra de los jueces. Según nos han hecho creer, no hay que cuestionarlos. Valiente engaño. No se puede criticar la injusticia de la justicia que está directamente relacionada con la capacidad económica y de influencia del acusado.

La prescripción de delitos es una ofensa para las víctimas.

Buena parte de los juristas son altaneros, se creen más que nadie. Son tan soberbios que también nos quieren enseñar de educación de jóvenes cuando no tienen formación al respecto. Al aplicar una de sus leyes, interpretadas y proyectadas sobre el otro según sus intereses, suelen añadir: «así aprenderá». Se refieren a aprendizaje de maneras apropiadas de comportarse a través del castigo (porque la ley es escarmiento). Ahí es donde se tendrían que callar. Ellos qué saben sobre si la legislación contribuye al aprendizaje humano.

Se habla de juristas conservadores y progresistas. Es decir, se da por sentado que la jurisprudencia no importa sino que lo que prima es la manera de pensar de los jueces. Así que todo depende del azar, del azar del juzgado donde caigas y de la interpretación de los magistrados que proviene de sus intereses ideológicos, políticos y económicos y de sus rencores y odios y envidias. Sería más justo introducir en una máquina una descripción de tu conducta y que fuera ella quien dictara sentencia.

Y luego están las personas que recurren una y otra vez a las normativas con la intención de hacerte callar: aficionados de juristas, entusiasmados del totalitarismo, que acuden al derecho como argumento para mantener sus opiniones, sus decisiones. Son mujeres y hombres que regularían hasta la sexualidad: los lunes a las 16 h, se permite a los heterosexuales la práctica de la postura del misionero; los martes a las 9 h de la mañana, se permite la masturbación... Se colocarían detrás de una mirilla para ver si acatamos la normativa y masturbarse, de paso, aunque sea viernes. Gozan sirviendo a la KGB. Dado que son unos peleles creen no serlo por defender la ley. Y lo peor de todo: son un peligro social porque no tienen alegría de vivir.

Ritmo 7. Calentador físico

El calentador físico es un tío cachas, de aspecto rudo —de marine norteamericano—, asiduo al gimnasio, mentalidad estereotipada, poco pelo en el cuerpo, vestimenta apretada y apariencia de seguro de sí mismo, que se responsabiliza de la preparación física de los deportistas. En el fútbol, cuando sale al campo para «activar», es el primero que realiza los ejercicios que han de llevar a cabo sus pupilos. En el descanso del partido, también se arroja sobre el césped para ordenar unos movimientos y carreras a los futbolistas. Cuando los suplentes van a dejar de serlo se precipita sobre la banda, contento de corretear por el césped. En todos los casos, trabaja para sí mismo y no para los deportistas a los que malcría. Debería abandonar estos «calentamientos» para mejorar el rendimiento de los jugadores, ya que los aburren, los atenazan y los hacen dependientes. Los calentadores físicos son tan ridículos que cuando los ves en acción, realizando sus ejercicios infantiles, dejan muy en entredicho su capacidad profesional.

Fuiste gordito de pequeño y se rieron de ti en el colegio. Para superarlo, estudiaste Ciencias de la Actividad Física y del Deporte y hoy pones a dieta a los futbolistas amenazándolos con sanciones si la báscula no marca el peso adecuado. Por ti y por los deportistas, sería mejor que pasaras por el diván.

Una de las razones por las que los calentadores físicos han sido bien recibidos en el fútbol es porque el entrenador trabaja menos. De hecho, los apoltronan, ya que preparan y ejecutan gran parte de sus sesiones de entrenamiento. Es bastante corriente ver al *míster* observando tranquilamente a los jugadores con los brazos detrás de la espalda, mientras el calentador ejecuta distintos ejercicios. Tanta es la confianza que han adquirido en sí mismos que se han apropiado también de la recuperación de los jugadores lesionados (llamándose rehabilitadores) llevando a cabo responsabilidades sanitarias para las que no se han cualificado. Dada su prepotencia, asumen, además, sin tener conocimientos, el trabajo psicológico, ya que es habitual verlos cómo preparan carteles con frases «vivificantes» y videos de «motivación». De igual forma, son gestores de cantera sin haber estudiado gestión deportiva. A mi juicio, va siendo hora de que alguien les aclare su rol en beneficio, sobre todo, de los jugadores y los entrenadores a los que infantilizan. Desgraciadamente, los futbolistas cada vez reciben menos formación en fútbol porque los entrenadores han pasado a un segundo plano.

Imagínate a un futbolista en el minuto ciento veinte, agotado físicamente, después de tanto tiempo jugando. Imagínate que marca un gol que es muy importante para su equipo. Nada más hacerlo realiza un *sprint* de cuantiosos metros que hubiera sido imposible llevarlo a cabo antes de marcarlo. Los compañeros del equipo echan a correr detrás de él para felicitarlo. ¿De dónde sacan las fuerzas? La respuesta es sencilla: de la felicidad que sienten por haber conseguido un gol. Para mí, la alegría y el correr (rápido y largas distancias) van de la mano, así que si los entrenadores quieren que sus jugadores corran sin parar hay que tenerlos contentos. Lo contrario —aburrirlos, aterrorizarlos— los hace más lentos y se cansan antes. El problema para algunos adultos es que dado su carácter soporífero no pueden proporcionar regocijo a nadie. Los calentadores físicos no son conscientes de las relaciones entre las emociones y el agotamiento. Por más que quieran preparar a los jugadores para mejorar su energía, su mentalidad estereotipada echa por tierra su propósito.

Contexto 7. Instituto o acuartelamiento

Se cree que aprender latín, por ejemplo, no sirve para nada, pero ¿para qué sirve estudiar logaritmos neperianos?

El parte es la amenaza diaria con la que el profesorado incapaz de los institutos intimida a los estudiantes para que no se comporten mal: «¡Que te pongo un parte!». La primera vez que oyes esta frase asusta, pero luego va perdiendo fuerza hasta que los alumnos se acostumbran. Los adultos establecen relaciones de miedo sin darse cuenta de que no llevan a ninguna parte, salvo a la parte en la que terminan por ser aborrecidos. Lo peor es que quitan las ganas de estudiar a cualquiera. Cuando a un joven le «ponen un parte» llega al ordenador de los padres, a través de una plataforma *online* llamada SIGAD, una información que no es otra cosa que una línea acusativa industrializada y sin firma: nadie explica el porqué de la amonestación, nadie dice qué consecuencias tiene, nadie comunica cómo van a hacer para intentar cambiar la actitud del estudiante parteado. En definitiva, mediocridad profesional que provoca los problemas de comportamiento que luego quieren eliminar.

El SIGAD (Sistema de Gestión Académica y Didáctica de Hiberus) es una plataforma *online* que se usa en los institutos y en algunos colegios para informar sobre faltas de asistencia, malos comportamientos de los estudiantes (como no haber hecho los deberes), notas, etc. Como acabo de decir, la información, con tan sólo darle a un clic, llega a través de un *e-mail* a tu ordenador, sin más. No hay explicaciones. Son notificaciones automáticas, robóticas. Podrían decir: «Ya hemos hablado con el estudiante y esperemos que... (bla, bla, bla)». Nunca se dice nada positivo a través de ella. Por ejemplo: «Hoy tu hijo ha hecho las tareas estupendamente», «La nota del examen ha sido extraordinaria», «Tu hija tiene amigos y se muestra amable». En resumen, una plataforma represora a la que se han habituado los comisarios de la enseñanza para asquear, atemorizar, amedrentar, amenazar a los alumnos y asustar a sus familiares. Aunque lo cierto es que SIGAD se ignora. Pero ¿qué es Hiberus? Una consultoría tecnológica privada. El Gobierno de Aragón paga un buen dinero por una inutilidad. ¿De verdad alguien cree que esta tecnología contribuye en algo a mejorar la educación? Por cierto, SIGAD también podría informar a las familias sobre el profesorado: «Hoy no ha venido a clase», «Hoy no se ha preparado la lección», «Hoy ha amenazado a los estudiantes», «Esta mañana ha venido enfadado de casa y la ha pagado con nosotros», «El profesor ha dado una clase magistral», «El personal de limpieza ha realizado su trabajo estupendamente».

Por lo menos la tecnología sirve para copiar los deberes y no tener que trabajar para realizarlos. Los estudiantes acuden a ChatGPT, PhotoMath, etc., y los resuelven en un instante. Luego se los pasan entre los compañeros de clase.

Hay profesorado que amenaza a sus estudiantes con llamar a casa cuando, según ellos, se comportan mal. Pero ¿qué idea tienen de las familias? ¿Qué idea transmiten de las familias? Se creen que somos unos represores y que vamos a castigar a nuestros hijos cuando nos llamen acusándoles de gamberrismo. Acuden a terceros para que les solucionemos los problemas de relación que puedan tener con los alumnos. Aunque es cierto que hay niños que temen a sus padres y les obedecen por miedo, no todos practicamos en casa el terror como método educativo.

La guardia significa que el profesor del instituto no viene a clase y los niños se quedan en casa durmiendo, se van a pasear por el barrio, o un sustituto desmotivado les pone una película de cine para pasar el rato. Casi todas las semanas los estudiantes tienen guardias por lo que pasan mucho tiempo sin docencia.

Hay profesores que cuando se enfadan castigan a los estudiantes con la realización de un examen no programado. Parece claro que una prueba de evaluación debería servir al aprendizaje y nunca depender del estado de ánimo del «pedagogo». Pues no es así: es una de las «herramientas» más agresivas que se usan para intentar mantener la disciplina de los alumnos. Ni que decir tiene que sólo contribuye a relaciones de antipatía y nunca al progreso académico. Pero el adulto se siente bien, porque desahoga su rabia, al usar su poder despótico sobre quien puede.

«Yo a final de mes cobro igual», «Que yo tengo la vida solucionada», «A mí me da igual lo que aprendáis, esto va a entrar igual en el examen»: estas son algunas de las frases con las que parte del profesorado de instituto habla a los estudiantes. Es su respuesta ante los «problemas de comportamiento» de los jóvenes. Parece claro que a algunos académicos no les importa lo que puedan aprender sus alumnos. Sabrán de su materia, pero no saben de enseñanza ni de personas. Parte del profesorado es arrogante (más aún en la universidad).

Amenazar, amenazar, amenazar, amenazar, amenazar... todo el día amenazando. La amenaza es el único recurso que tienen los faltos de capacidad para educar (los hay en el deporte, en el trabajo, en las familias...). Y humillar y burlarse, crear miedo. En un momento dado, para rebajar la tensión, te aseguran que no quieren hacerlo. Para el perverso, la culpa es tuya. Más tarde, para volver a ganar tu simpatía, se hacen los arrepentidos. ¿Por qué no se dedican a otra cosa que, por ejemplo, no sea el entrenamiento deportivo o la docencia? Lo que aconsejo a la víctima es que se dé cuenta de la estrategia del maltratador, que no caiga en sus perversos razonamientos y que abandone esta relación lo antes posible.

Un porcentaje del profesorado (colegios, institutos, universidad) es aburrido, soporífero, desorganizado, desequilibrado, despótico, pedante, inculto... Llevan a los estudiantes a odiar la asignatura que imparten y anulan las ganas de aprender. Son un peligro social, ya que generan dejadez, desidia, incultura, nihilismo. Pero uno puede tener la suerte de coincidir con un gran profesor: divertido, preparado, creativo, humano, trabajador, empático, culto... Entonces, todo cambia. Basta poco rato para que el estudiante deje atrás la animadversión por una asignatura y por cultivarse y modifique su manera de percibir. De repente, comprende que ilustrarse puede estar bien. El joven sufre una positiva transformación que será definitiva en su vida. Con los entrenadores de fútbol sucede lo mismo. Por cada buen entrenador que te hace amar el deporte hay cien enterradores que te hacen odiarlo. Como nadie va a arreglar esto, ha de ser uno mismo quien se procure la compañía de personas que te aviven y alejarse, en la medida en que se pueda, de las personas que te minimizan.

Ritmo 8. Arbitraje

Pensaba que sólo los padres de futbolistas deseaban a cualquier precio que fueran profesionales, pero con el tiempo me di cuenta de que también a los hijos de los árbitros les pesa la tradición familiar y aspiran al arbitraje profesional. También hay *padres-tontos* árbitros (véase el prólogo de Marcos Castillo en *¡Cállate, papá!* para entender lo que es un padre tonto).

Es imposible que el VAR sea objetivo porque quienes lo manejan son seres humanos subjetivos. Hay tantas interpretaciones sobre una misma jugada como árbitros mirándola en la cámara de la televisión. La percepción siempre entraña una interpretación y depende de factores estructurales, individuales, sociales y culturales. Dudo que a los árbitros los formen en percibir, por eso cuando están presionados en el campo, delante de la cámara, abandonados a su suerte, deciden pitar una jugada que no tiene nada que ver con lo que motivó la intervención del VAR. El miedo les puede y optan por la solución menos comprometida.

Los árbitros deberían ser sosegados y sin embargo irradian nervios. En ocasiones, sus decisiones no son equivocadas sino revanchistas. En este caso, las víctimas sufren de su desequilibrio. Los veo patológicamente preocupados por su preparación física y no se han dado cuenta de que deben dedicar más tiempo a trabajar su salud mental.

Otra de las consecuencias negativas del VAR en el fútbol es que a los árbitros los hará peores. Poco a poco prestarán menos atención a las jugadas porque saben que si se equivocan se lo van a advertir. El riesgo evidente es que las decisiones finales las tomará la tecnología y no un ser humano que debería ser capaz de juzgar el juego en el contexto en el que se produce. Pero es muy cómodo delegar la responsabilidad de tus acciones. Es muy cómodo, aunque destructivo para el deporte.

Los jueces de línea, debido a las innovaciones tecnológicas, están destinados a desaparecer. Si ya tienen poco que hacer hoy en día, en el futuro todavía menos.

Quizás veamos en su lugar a *travellings* paralelos, como esos que graban escenas de película de cine, que se desplazarán por un carril situado en la banda del campo de fútbol, a la altura de los deportistas, marcando con una luz roja el fuera de juego y una verde su ausencia.

En la liga de fútbol, y en otros deportes también, se deberían fichar árbitros de otros países. Al igual que los jugadores europeos circulan por el continente libremente lo podrían hacer los mejores *referees*. Así, en la competición española se podría contar con los mejores del mundo lo que optimizaría, qué duda cabe, el torneo. Sería más fácil, además, eliminar los favoritismos de los que gozan los equipos poderosos.

¿Quién ha decidido que los árbitros no hagan declaraciones? A los jugadores y a los entrenadores se les obliga a realizar ruedas de prensa durante la semana y al terminar los partidos. Sería bueno para todos dejar de lado la opacidad de los jueces y que dieran explicaciones sobre el porqué de sus decisiones. Se eliminarían muchas suspicacias.

Contexto 8. Decepcionante universidad: pagando sí

Qué duro es pelear contra la propia ignorancia y contra la de los demás.

EvAU es una evaluación a los estudiantes de bachillerato para que la Administración facture un buen dinero y tener un pretexto (una nota numérica) para clasificarlos en los estudios universitarios. Según el imaginario popular, los listos, eligen ciencias; a los tontos, ya sin plazas en ciencias, no les queda otra que matricularse en humanidades, ciencias sociales... Sin embargo, no saben que lo científico es más sencillo que lo pasional. Por eso se ha llegado a la luna, pero sigue habiendo tantos perversos. Es más fácil el viaje espacial que hacer cambiar de actitud a un malvado. El razonamiento moral no se adquiere en ciencias y, dada la moda y el inmerecido prestigio de estudiarlas, no le veo un futuro alentador a la humanidad.

La patronal de empresarios quiere influir en el plan de estudios universitario. Querrían que los estudiantes empollaran aquellas materias que son adecuadas para el mundo laboral. Yo no quiero contribuir. No saben que la universidad es (o debería ser) pensamiento, curiosidad, creatividad, imaginación, duda, relaciones con los iguales; es el momento de leer, escribir, hablar, conversar. Cuanto menos aplicadas y menos relación con la empresa tienen las materias, más académicas son. Si los años escolásticos valen la pena es precisamente por este motivo. Tiempo habrá después para entrar en la dinámica del capitalismo económico. A la mayoría les esperan más de cuarenta años de tiempo perdido trabajando por un escaso salario en tareas aburridas.

Hemos conseguido entre todos que los estudiantes universitarios (y tal vez todos los demás) no quieran aprender, tan sólo aprobar. Hemos conseguido hacer de ellos animales condicionados por el premio, como el delfín que mueve las aletas delante del domador para que le eche de comer. Parecen animales irracionales. Tanto es así que cualquier cosa que realicen estos «estudiantes» tiene que tener como recompensa una evaluación positiva. Si solicitas lo que depende de la voluntad es muy probable que no haya respuesta. Cuando les pides que trabajen, su pregunta más profunda es ¿esto vale para la nota? Si es así, lo hacen; si no, no. Llegados a este punto la universidad debería convertirse en un espacio para el conocimiento sin ningún reconocimiento en papel. No tendría que haber evaluaciones, ni títulos oficiales. Es decir, ningún tipo de recompensa material meritoria que sirviera para el mercado laboral. Sólo quedarían en las aulas un mínimo porcentaje de alumnos interesados por el saber.

Hay seres humanos que responden bien a los razonamientos y asumen voluntariamente sus responsabilidades. Con estas personas se puede apelar al buen juicio.

Ya estamos recibiendo en la universidad a los «estudiantes WhatsApp de padres» educados en los centros escolares de comienzos del siglo XXI. Estudiantes acostumbrados a que sus papás los defiendan de cualquier fechoría despellejando a los profesionales de la educación a través del grupo de WhatsApp de la clase, donde cualquiera puede humillar, insultar, cuestionar, aleccionar y denigrar a los maestros. Pero es que además acuden con sus mentiras a las autoridades educativas y les abren la puerta para darles la razón. Tal es la agresividad de algunos familiares que pronto veremos en los colegios vigilancia privada. Ya están llegando a la universidad estos niños malcriados, educados en casa en un contexto de violencia hacia los profesionales de la educación. Al final no nos queda otra a los docentes que aprobar; aprobar a todos esos niños y niñas que el día de mañana seguirán haciendo cualquier cosa —presionar, mentir, difamar— para conseguir lo que desean. Cierto es que por cada cientos de estudiantes que pasan por las aulas tienes la suerte de encontrarte con unos pocos que valen la pena porque tienen interés en aprender.

Cuando yo era más joven se pensaba «Más vale morir de pie que vivir arrodillado». Ahora se dice: «Yo lo que quiero es aprobar». Para conseguirlo, habría que estudiar, pero paradójicamente no es así, sino que se dedican a callar, callar y callar; tragar, tragar y tragar. Esclavos, cobardes, somardas que solo piensan en sí mismos y en conseguir como sea lo que desean. Cada vez quedan menos valientes. Es cierto que nos han enseñado a ser así gracias a las amenazas y a las sanciones. Profesores, entrenadores, padres, emprendedores habitualmente castigando, intimidando, atemorizando. Pero también es cierto, que uno puede salir de ahí, aunque sea pagando un alto precio (como creía el Che Guevara).

Cuando pregunto a los estudiantes universitarios qué han aprendido durante los quince o dieciséis años que han estado sentados en los centros educativos (educación infantil, primaria, secundaria), se quedan en blanco. Asusta ver sus reacciones. No saben qué decir. Quizás sea la primera vez que se dan cuenta de que han estado perdiendo el tiempo. Sólo han aprendido un mínimo tanto por ciento de lo posible.

¿Cómo puede ser que haya tanto idiota que sea licenciado/graduado/doctor universitario? Parece evidente que algo falla en el sistema educativo. Más de veinte años en las aulas no han sido suficientes para aprender algo.

El peor día para un profesor universitario es el de la revisión de exámenes. Los estudiantes suspendidos jamás han venido a tu despacho para preguntar dudas académicas, pero ese día acuden puntualmente para presionarte de muy distintos modos hasta que les subas la nota. Unos lloriquean y otros dan un portazo cuando se van del despacho sin haberse salido con la suya. Son impertinentes, agresivos, irrespetuosos, chantajistas, altaneros, ignorantes, incipientes, atornilladores... Se ha puesto de moda que te acusen de sus penas: «Es que voy a perder la beca». Son tan estúpidos que no saben ni persuadirte, sólo tratan de humillarte; son tan atrevidos que cuestionan tu profesionalidad. Al final, si no les das lo que quieren terminan por retirarte el saludo y difamarte entre la familia y los compañeros. Pero no te aconsejo que cambies de opinión para que esto no sea así. Es mejor ser insultado que ser un títere. Además, tampoco hay que darse mucho mal porque tarde o temprano siempre consiguen su propósito: terminarán el grado sin estudiar, sin tener capacidad.

Si deseas conseguir un título universitario sin aprender absolutamente nada apúntate a la UNED (Universidad Nacional de Educación a Distancia).

Los estudiantes deambulan de aula en aula con la esperanza de aprender algo hasta que pronto se dan cuenta de que están en el lugar equivocado. Lo único con lo que topan es con el profesorado y sus aburridos *power points* que leen de carrerilla. El número y la calidad de diapositivas son directamente proporcionales a la incapacidad de un docente de conectar con sus estudiantes. El resultado es la ausencia a clase y el deseo de aprobar como sea. Es necesario que se sepa que algunos profesores son tan pésimos docentes que nadie atiende a sus explicaciones. Por el contrario, qué bonito es cuando uno entra en el aula con el rotulador (la tiza de toda la vida). Este es el que es capaz de elaborar un discurso coherente hora tras hora y captar la atención de los alumnos que permanecen sentados escuchando atentamente y dialogando con el docente.

La clase vaciada. Cuando un profesor universitario entra al aula para impartir la docencia y no hay nadie se va tranquilo a casa. ¿Por qué no acuden los alumnos? Porque se aburren, porque no aprenden nada, porque creen que un palo de escoba hace el mismo papel que el profesor, porque no están dispuestos a aguantar su actitud chulesca. El profesorado incompetente tiene las clases vacías y así seguirá siendo y no se puede echar la culpa, siempre, a estudiantes supuestamente desmotivados.

PhD es la coletilla que se añade el profesorado-tonto-universitario-español para darse pompa al informar en inglés de que es doctor.

Para entrar en clase hay que prepararse, pero no la lección teórica, que más o menos ya se sabe, sino emocionalmente: dejar de lado tus penurias y comenzar sereno y alegre. Conviene pensar bien, con humildad, no creyéndonos domadores de leones, ni los más sabios del planeta. También hay que prepararse para lo que pueda suceder inesperadamente: un comentario inapropiado de un estudiante o un gesto de aburrimiento... Hay que estar listo para no aburrir y despertar interés, es decir para provocar el deseo de aprender de los alumnos en interacción y en un ambiente agradable (¡quién sabe si un entrenador de fútbol podría pensar en algo parecido!).

Pagando sí. Se valora la capacidad investigadora de los docentes única y exclusivamente por sus publicaciones en revistas de impacto (así se llaman). Lo cierto es que el único impacto que tienen es sobre los bolsillos del profesorado, porque las revistas cobran por publicar. Lo que está ocurriendo es que los grupos de investigación asumen el gasto con el dinero que obtienen de los gobiernos regionales o en las distintas convocatorias del Ministerio de Ciencia e Innovación del Gobierno de España. Es decir, la Administración pública sufraga a los grupos para que sus miembros paguen publicaciones manteniendo un buen negocio para los propietarios de las revistas. Por tanto: no se valora el trabajo científico, sino la cuenta corriente de quien o quienes lo suscriben. Cuando preguntas si te van a publicar un artículo la respuesta es: pagando sí. Al margen de esto, para sobrellevar la burocracia endemoniada que exigen las convocatorias y las editoriales hace falta tener un aguante mayúsculo. Así, el mérito investigador no refleja la calidad del estudio sino la capacidad económica del profesor y sus conocimientos administrativos. Profesor que también usa sus artimañas para engrosar su currículum: un texto lo firman numerosas personas que, como todo el mundo sabe, no han contribuido al trabajo. Un «investigador» lo redacta y lo firman unos cuantos que también hacen otro texto que firman los otros cuantos. El resultado es que diez tipos pueden decir que han escrito diez artículos en revistas de impacto cuando lo cierto es que han redactado tan solo uno de ellos. Hay auténticos especialistas que se mueven como pez en el agua en este sistema mafioso. Por eso adquieren sexenios de investigación que repercuten en su sueldo y en el poder que adquieren dentro de la universidad a la hora de formar parte de tribunales de profesorado o progresar en la carrera profesional. Si les preguntas si han leído *El Quijote* tan apenas saben quién lo escribió, pero te pueden aleccionar sobre QS, JCRS, bases de datos, sellos CEA-APQ o FECYT, depósitos *preprint*, ruta diamante... El mundo académico contribuye al mantenimiento de este sistema, ya que solo consideran de calidad lo que se publica en estas revistas. Todo lo que difundas en otros medios —como un libro— no sirve. Las agencias de calidad, que carecen de lo que pregonan, no son nada más que un entramado más que purga a los verdaderos productores de conocimiento que son los que no transigen con este sistema oficinesco.

La universidad contrata a profesores asociados siempre y cuando, según su normativa, sean profesionales de reconocido prestigio, pero añaden una condición: tienen que estar también en activo. Es decir, según la institución académica no es prestigiosa una persona si ha trabajado bien durante años en un oficio, aunque ahora esté en desempleo. Los dirigentes no logran entender que puedes tener reputación si estás en paro. De la misma manera que uno puede estar en activo y ser un torpe. Por lo tanto, para contratar no se prioriza la capacidad. La normativa es legal, pero éticamente discutible. Por ejemplo, también se puede justificar jurídicamente la contratación de profesores para un área de conocimiento, por necesidades docentes, pero los que hay en la plantilla podrían asumir, sin sudar, más horas de clase.

Los métodos de selección del profesorado universitario son manifiestamente ineficaces, injustos y peligrosos. Se valoran los méritos en papel de los aspirantes, sin más. Este es el dato «objetivo» que demuestra la ineficacia de las agencias de evaluación de la calidad y de las comisiones de contratación de los departamentos universitarios que otorgan cualificaciones numéricas para impartir docencia académica a incompetentes, sádicos, perezosos, arribistas, tramposos, carentes de inteligencia y escasos de cultura. Lo paga el alumnado que nada más comenzar su carrera universitaria percibe rápidamente que va a perder el tiempo si lo que quiere es aprender. No me extraña que la enseñanza universitaria *online* gane adeptos. Por lo menos el estudiante no pierde su tiempo en clases vacías de contenido con profesorado insulso.

En la universidad son tan injustos que cobran la asignatura de prácticas externas a los estudiantes, pero se imparte por profesionales fuera de la institución que no reciben nada a cambio. Es decir, la institución cobra por una docencia que no imparte y la imparten otros que no la cobran.

Se exige en los grados el título de B1 en un idioma. De manera generalista se ha impuesto que los universitarios tengan esta titulación en inglés, francés o alemán.

Nadie ha pensado que dependiendo de la formación los alumnos comprendan uno u otro idioma. Por ejemplo, en ciencias sociales sería más oportuno que supieran algo tan importante como lengua de signos en lugar de una de las citadas.

El trumpismo se expande como una metástasis, igual de dañina, por la universidad: para marcar diferencias sociales se ordena que en las puertas de los despachos del profesorado se escriba, delante del nombre, la categoría académica del inquilino; se compra con el presupuesto público del centro un nuevo traje académico para estar elegante en los actos oficiales; se manda tirar a la basura representaciones pictóricas que adornan las paredes de una facultad desde hace muchos años porque no le gustan al jefe; se inventan decretos donde se prohíbe poner información en los tablones de anuncios, etc. Los súbditos defienden ciegamente al noble. A los demás no nos queda otra que soportar las neurosis del mandatario que mintiendo, no dejando hablar y amenazando controla al disidente. Su único fin es adquirir poder para su lucimiento personal, como medicina contra su psiquismo desmejorado. En la Administración pública el neurótico obsesivo trumpista quiere ocupar puestos de poder para salir en la televisión, aparentar conocimiento en la radio, colgar muchas fotos en internet acompañado de famosos, conceder entrevistas en los periódicos, figurar en los actos académicos, reunirse con altos cargos, ocupar puestos de representación delante de la plebe...

cualquier cosa con tal de deleitar a su yo; lo que sea menos trabajar para los demás. Tal es su deseo patológico de figuración que está dispuesto a mentir, tergiversar, manipular, adular, engañar, limitar la libertad de expresión... Las debilidades subjetivas motivan las ansias de poder.

Qué implica ostentar un cargo de relaciones institucionales en una facultad universitaria: alparcear de un lado para otro haciéndote el simpático. Un rato por la mañana se visita un vicerrectorado, luego se pasea tranquilamente por la ciudad para reunirse con un gestor autonómico. Más tarde se va a su casa tan contento pensando que ha hecho algo bueno para la institución que representa cuando realmente a nadie le importa qué hace. Pero ya ha dado de comer a su ego hasta el día siguiente en que su narcisismo, insaciable, volverá a pasearse de un lado a otro recreándose y pavoneándose. Y por esto además le pagan un complemento económico, con lo que le gusta la calderilla.

El protocolo es una de esas prácticas sociales clasista, dadas por sentado. ¿Por qué una persona se tiene que colocar en un lugar principal sólo por su categoría profesional? Hasta en instituciones supuestamente progresistas como la universidad se lleva a rajatabla. Vestimentas, música, asientos... toda una simbología medieval para marcar diferencias entre seres humanos. Hasta tal punto lo consideran apropiado que permiten que haya formación académica en protocolo, expertos en castas que viven de mantener la segregación humana.

Maldita cita previa: imposible ser citado. Sede electrónica, sede virtual, pagos, solicitudes, notificaciones, cientos de claves y contraseñas, lenguaje 2.0, Moodle, Sigma, Medonte, Odile, Meet, Zoom, ayudICa, identificación electrónica, Cl@ve, factura electrónica, Zaguan, Alfresco, Atenea, PeopleSoft, webinario Wiley, SIGAD, Classroom, Kahoot!, ALEKS, ClassDojo, códigos QR. Todo se hace virtual en la enseñanza, en la sanidad, en los servicios sociales, en la banca, en los restaurantes, en los museos. Todo para que trabaje el consumidor. La mejor manera de quitárselo de encima es pedirle que lo realice *online*. Este es el mundo que nos toca vivir, este es el mundo que nos aleja de la persona, pero no de su dinero. Como en las gasolineras, en los peajes de la autopista o para realizar la automatrícula universitaria, llegará un día en que entrarás a un bar, te harás el bocadillo y te servirás la cerveza mientras un tipo esperará en una esquina con la caja registradora preparada para cobrarte la comanda. Lo que nos espera es una sociedad con menos trabajadores y más autoservicio.

Ni mapas de titulaciones, ni proyectos de innovación, ni convocatorias de investigación, ni planes tutor/mentor, ni equipos de comunicación, ni objetivos de desarrollo sostenible, ni relaciones institucionales, ni defensoras universitarias, ni agencias de calidad, ni jornadas de bienvenida, ni plataformas digitales... ¿Quién va a poner el dedo en la llaga? Lo que hace falta en la universidad, de manera urgente, es que los profesores seamos mejores profesores, mucho mejor de lo que somos para que los estudiantes salgan formados en técnica, en cultura general y en humanidad: «... las aptitudes que más necesitamos (...) son las relacionadas con la interacción con otras personas: dialogar, negociar, comprenderse mutuamente y gestionar o resolver los conflictos que inevitablemente surgen en todo ejemplo de vida compartida» dice Zygmunt Bauman[8].

La enseñanza *online* es una buena manera de abonar la ignorancia y la desidia del estudiante. Está de moda por el *lobby* de la tecnología que se enriquece al obligar al estudiante a comprar sus instrumentos (ordenadores, *tablets*, teléfonos móviles, redes sociales, wifis, plataformas, páginas web, etc.). También hacen caja las instituciones de enseñanza públicas y privadas al incrementar el potencial del número de alumnos que pueden seguir una lección virtual desde cualquier parte del mundo. Pero el profesor pierde su capacidad para explicarse y argumentar; los estudiantes apenas prestan atención y pierden ilusión. Es imposible crear un clima agradable de clase y lo peor de todo:

[8] Zygmunt Bauman, *La vida líquida*, traducción de Albino Santos Mosquera, Paidós, Barcelona, 2021, pág. 166.

no hay interacción, debate, preguntas y respuestas, diálogo, conversación. Escuchar a un buen maestro en vivo es uno de los mayores placeres que puede experimentar una persona curiosa, deseosa de conocimientos. Sólo la interacción humana produce pensamiento.

Ritmo 9. *¡Cállate, papá!*, segunda parte

Cuando la mujer de un futbolista profesional hace un programa de televisión para presumir de gastar el dinero que quiere en lo que quiere, no es de extrañar que se cree el deseo de ser como ella. «Lo tengo todo: objetos y cortesanos y gente que me invita a los más exclusivos acontecimientos». Cualquiera podría denunciarla por machismo (por contribuir al desarrollo de la idea de una mujer objeto de deseo) y también por el daño que hace sobre la mentalidad y los sentimientos de la gente. Estos programas, estas personas, influyen en el auge del comportamiento violento de algunos familiares en los partidos de fútbol de los fines de semana porque el deseo frustrado de ser un nuevo rico nubla el entendimiento y te hace agresivo.

Los padres toleran mejor los suspensos que las suplencias. El hijo tiene que jugar de titular todos los fines de semana. Ser suplente se convierte en intolerable. Que tu retoño saque menos de un cinco en un examen es más llevadero que verlo sentado en el banquillo.

Una vez más circula por las redes sociales un vídeo que muestra qué energúmenos somos los padres en el fútbol. No hay nada más injusto que hacer pensar que los familiares somos unos maleducados. ¿Por qué no realizan vídeos «educativos» de entrenadores vociferando, blasfemando e insultando a los jugadores o despreciándose entre ellos? ¿Por qué no hacen vídeos «educativos» de directivos y jugadores amañando partidos y cobrando en sobres el dinero que proviene de su corrupción? ¿Por qué no hacen vídeos «educativos» de periodistas defendiendo sin motivos los desenfrenos de los directivos? O hablamos de la totalidad del fútbol podrido o no entenderemos el porqué del comportamiento grosero de los progenitores: es un síntoma más del fútbol comercial y hay que comprenderlo en este contexto. Pero ¿hay alguien que se crea que se quiere acabar con los padres-tontos? Los poderosos nos quieren hacer pensar que están preocupados, pero nada más alejado de la realidad.

Hay clubes de fútbol que prohíben la entrada de los padres para ver los entrenamientos de los hijos. A los dirigentes, exclusivamente se les ocurre la coerción para que los progenitores no incordiemos: guardias jurados, vallas bien altas. Como carecen de entendimiento, sólo saben usar medidas restrictivas que no eliminan lo que supuestamente las justifican. No me canso de decir que las relaciones familiares-futbolistas son uno de los factores que más influyen en el rendimiento y por lo tanto hay que trabajar con las familias para que cambien su actitud (si es que se considera necesario). Sólo a través de la interacción con profesionales de las ciencias sociales se puede hacer pensar de manera adecuada a los padres contribuyendo al bienestar futbolístico de los hijos y a la buena dinámica general del club y de la competición.

Acabo de leer un aburrimiento de libro, escrito por un reconocido poeta español, publicado por una editorial nacional adinerada, que habla de fútbol, del fútbol de su hijo. Lo que me hace pensar es que la condición de padre nubla la razón. Ni poetas, ni médicos, ni amos de casa, ni filólogos, ni juristas, ni periodistas, ni economistas, ni políticos, ni asalariados, ni autónomos, ni labradores, ni carpinteros... El nivel cultural y la categoría profesional se reducen a la mínima expresión cuando se trata de interpretar con objetividad el fútbol que practica tu hijo.

Contexto 9. Maldita tradición familiar

Desde mucho antes del nacimiento ya nos provocan enfermedad mental. Nos sitúan en un «lugar»: nos dicen qué comeremos, cómo será nuestra sexualidad, cómo vestiremos, dónde y qué estudiaremos, en qué trabajaremos... Para ejemplificarlo hablemos de un famoso periodista. Su padre fue locutor franquista y su hijo ya está trabajando en la televisión presentando las noticas de la noche. Podemos aventurar que este hijo tendrá otro al que también le pondrá su nombre y también presentará las noticias en el futuro. Hasta que dentro de decenas de años un retoño futuro se dé cuenta de que tiene que romper con su esclavitud (castrándose) para lo cual deberá ejercer de cualquier cosa menos de presentador de la tele. En ese momento recuperará la salud mental, tras toda una saga familiar asfixiante.

El niño tonto y la niña tonta ya lo son a los pocos días del nacimiento (en realidad, como acabo de decir, lo son mucho antes de nacer debido a las proyecciones de los familiares). De eso se encargan el padre tonto y la madre tonta a través de sus métodos educativos. Quieren enderezarlos a través del conductismo, lo que convierte a los descendientes en unos amargados. Lo peor es que la cadena continúa. Que se vayan preparando los hijos del niño tonto y de la niña tonta porque les espera lo mismo que a sus padres tontos y a sus abuelos tontos.

Ser padre no es eyacular y ser madre no es recibir la eyaculación. La reproducción es un proceso biológico; la paternidad, uno psicológico, social y cultural. Para ser progenitor hay que amar y como algunas personas no saben hacerlo nunca llegan a ser padres, aunque convivan con el producto de la fecundación. Un pelotón de individuos en un piso no es una familia porque sí. Tienden a ser eso, compañeros de piso, pero nada más, porque no circula el amor en el espacio compartido.

Generalmente, el amor no transita en las familias tradicionales que tienen hijos por costumbre, sino que se ve más en las que realmente los desean: en tantas modalidades que repugnan a los conservadores y que llaman «desestructuradas». Es una suerte nacer y vivir en estas y no en las «estructuradas», cuyo pensamiento estereotipado atormenta la vida a sus hijos. Hay más desasosiego en los hijos de las familias clásicas donde todo es apariencia.

Ritmo 10. Aficionados

Los abonados de los clubes de fútbol son de los pocos clientes de un sistema capitalista que pagan por un servicio que no se les ofrece. A nadie se le ocurriría comprar una entrada de cine para no ver una película o una de teatro para que no suba el telón. Pues bien, así ocurrió en la temporada 2020/21 en tiempos de la pandemia del covid. Los patronos cobraron una cuota a cambio de nada. Apelan al corazón para que pagues: dicen que te guardan la localidad, que no perderás la antigüedad... Hasta este punto de éxito ha llegado el capitalismo: hay demanda sin oferta, con chantaje y sin protestas.

Los aficionados pagan su abono a un club a principio de la temporada. Si pueden asistir o no a ver los partidos no es cosa que preocupe a la patronal. De hecho, por diversos motivos, raras veces una persona puede presenciar la totalidad de los encuentros por los que ha pagado. Es más, las televisiones establecen horarios intempestivos, como los lunes a las 21 horas, para que el público no pueda ir al estadio y tenga que ver el partido por la televisión. Así, los aficionados, para ver a su equipo, pagan una cuota al club y otra a la empresa televisiva.

Para ver a gusto un partido de fútbol hay que estar ensimismado. Quien tienes en la butaca de al lado ha de comprender que no debe contarte su vida, impidiéndote disfrutar del espectáculo. Si hay algo que comentar o que celebrar ya lo haremos, pero mientras tanto déjame contemplar el *show* en paz.

A diez días de comenzar el mundial de fútbol de Qatar recorren por las calles de Doha un pelotón de aficionados vestidos con las camisetas de las diferentes selecciones nacionales. Son *hooligans* a sueldo. El decorado tiene como objetivo darnos a entender al mundo entero que el ambiente festivo es irrefrenable. Pero la *performance* no se la cree nadie. Lo que no se sabe es si cobrarán algo de dinero por su entusiasmo artificial o tan solo se librarán de la tortura y de la cárcel (lo cual tampoco es poco por hacer una pantomima).

Contexto 10. Venganza

La mano de dios es una de las gestas más importantes y bonitas en la historia del fútbol que convierte a este deporte en mítico, fantástico, legendario, proverbial, épico... es decir, en lo mejor que posee. Maradona marcó el gol con una mano sutil, nada zaborrera, improvisada... una trampa con un talento excepcional. Además, lo hizo contra Inglaterra en un partido simbólicamente grandioso debido a la guerra de las Malvinas (un conflicto armado, en 1982, entre Argentina y Reino Unido). Se trataba del partido de cuartos de final del Mundial de Fútbol de 1986, disputado en Ciudad de México el 22 de junio. Si hubiera existido el VAR no hubiera existido la mano de dios; no hubieran existido gran parte de los acontecimientos más admirables que hacen del fútbol un fenómeno social tan apasionante; no hubiera tenido lugar una venganza tan hermosa sin mediar armamento alguno, solo fútbol. Qué bonito es saber que este deporte es capaz de poner las cosas en su sitio.

¿Qué hacer cuando te ofenden? Las «buenas personas» te dirán que no guardes rencor, que da igual y que mires para otro lado, que no te des mal, que hay que poner la otra mejilla («setenta veces siete»). Yo no siempre lo comparto. Nos han educado en la cobardía, lo que beneficia a los malignos. El valiente, por el contrario, no olvida que *La vendetta è un piatto che si serve freddo* (me encanta *El conde de Montecristo*). Así que te esfuerzas el doble para no darle argumentos al malvado (que sienta desazón porque no ha podido desequilibrarte) o puedes volver a ver *Braveheart* cuando el protagonista, al principio de la película, le corta el cuello al que se lo cortó a su amada.

De lo que se aprovechan los maltratadores es que la única respuesta que tenemos contra sus insultos e infamias es la jurídica. Como esta no funciona, los perversos campan a sus anchas.

Nunca he comprendido a quien se justifica de la maldad que ejerce diciendo que cumple órdenes. Una persona siempre tiene la posibilidad de elegir si tira una bomba o no, si pega un disparo o no, si tortura a alguien o no. Nunca obedecer es una justificación.

Hay gente que se merece un sopapo como quien te llama por teléfono para venderte algo que no has pedido. Son odiosas también las voces enlatadas que saltan cuando deseas hacer alguna gestión y te marean derivándote de un lado para otro. No hay nada más insufrible que hablar por teléfono con una máquina. Hoy es algo irremisible. Lo que quieren es no atendernos, cansarnos hasta que desistimos de contactar. Una estrategia perversa muy común que funciona porque terminamos por abandonar. Irá a más. Raro será, el día de mañana, que alguien te atienda cara a cara. Sopapos merecen quienes han implantado estos sistemas de agotamiento de la paciencia.

Dicen en la radio que hay sesenta mil perros en la ciudad de Zaragoza. Sesenta mil perros defecando y orinando diariamente varias veces. No hay empresa de limpieza que pueda con esta suciedad, ni con los olores, ni con el peligro para la salud de los humanos ni con los desperfectos en el mobiliario urbano. Paseando por la playa en cabo de Gata en abril de 2022 he comprendido que, si un perro te molesta, porque te ladra, se mete por el medio mientras estás jugando con tu hijo, se te echa encima o mea y evacúa en el portal de tu casa o al lado de la mesa donde estás tomando vermut... tienes que tener más miedo a los mordiscos y exabruptos del dueño que a los del animal. A la mascota les hablan como si fueran sus bebés, con un lenguaje infantil cretino, pero si te quejas de su comportamiento se lanzan sobre ti con bramidos, insultos y rabia. Como algunos propietarios de perros no van a cambiar su actitud chulesca, no se espera de ellos que aprendan educación, ni que pidan disculpas, sino que te retan, ¿cuál debería ser nuestra respuesta? La mayoría nos callamos y pasamos de largo para evitar conflictos, pero no descarto que otros se enfaden por las faltas de respeto recibidas y acaben a mamporros con el animal. No con el perro, sino con su dueño.

Ritmo 11. Fútbol *vintage*

Los números deshumanizan: números eran los prisioneros de los campos de concentración, los soldados en el servicio militar, los clientes en la fila de negocios privados y en la Administración. Aunque no siempre es así: los dorsales en el fútbol poseen una fuerte carga simbólica. En otros tiempos, los entrenadores decían a los jugadores qué camiseta se tenían que poner en el partido del fin de semana. El número indicaba el lugar que ocupaban en el terreno de juego: el uno, portero; el dos, tres, cuatro y cinco, defensas; el seis, ocho y diez, centrocampistas; y el siete, nueve y once, delanteros. Ahora ya no. De un tiempo a esta parte, el futbolista quiere elegir el que desea llevar, vinculado con su apellido (que se escribe encima del número) y ansía conseguir uno con significado, es decir, que lo represente: el nueve es el del mejor delantero centro; el diez está asociado con la clase, la elegancia, la técnica excepcional; el cinco, el pivote que dirige al equipo. Algunos dorsales son tan potentes simbólicamente hablando que los clubes los retiran porque se considera que nadie debe llevarlos después de que lo haya vestido un jugador irrepetible. Para uno jubilado o fallecido es la mejor muestra de reconocimiento que se puede conseguir.

Es muy difícil narrar la enorme belleza del minuto de silencio en el fútbol como símbolo de respeto ante la muerte. Es un acto que se resiste a las palabras.

Tampoco se llevan los libres de toda la vida. Es decir, ese jugador tipo Beckenbauer o Baresi que corregían los errores de los defensas y creaban juego. Las modas, no el pensamiento, imponen el sistema de juego. Quizás vaya siendo hora de recuperar este puesto legendario.

Los futbolistas que juegan en verano en un equipo pueden cambiar de club. Las «figuras» se suelen incorporar a entrenar tarde, por diversos motivos. En otros tiempos, las plantillas se finalizaban en la pretemporada y permanecían así todo el año. Hoy, la Liga comienza días antes de que termine el mercado de fichajes, por lo que hasta que no se llevan varios partidos de competición nadie sabe la composición final de un equipo (algo que se puede volver a alterar en el mercado de invierno). Se ha impuesto la mercantilización. Esto implica, entre otras cosas y como todo el mundo sabe, que haya personas que jueguen en un equipo y en su rival en una misma temporada, en una misma semana. El futbolista no tiene arraigo por un club, sino que debe asumir que es un asalariado de una cadena de montaje y le resultará difícil jugar bien porque en este comercio es difícil apasionarse. En este contexto, algunas organizaciones te piden sentimiento de pertenencia, pero ¿qué te ofrecen para que sientas pertenencia?

El estadio de Wembley es uno de esos lugares, todavía activos, muy potentes simbólicamente hablando. Como la Scala de Milán, el Coliseo romano, etc., son espacios poderosamente emotivos y con solo nombrarlos se le pone a uno la piel de gallina. Nada que ver con los actuales campos de fútbol vinculados con las constructoras, denominados como sus patrocinadores, carentes de historia y destinados al negocio.

Hay símbolos que se resisten a la innovación. Uno de ellos es el escudo de un club. Son varias las organizaciones que han querido actualizarlo, pero los aficionados no lo han consentido. Los jugadores lo besan cuando marcan goles, no lo pisan si está dibujado en el terreno de juego... qué duda cabe que es uno de los iconos más emotivos y representativos, sino el que más, de los clubes hasta el punto de ser considerado intocable.

«Para que un quiosco sea considerado como tal tiene que oler a cromo» (Teo, paseando por Girona en verano de 2022, nos dijo este maravilloso aforismo). Los quioscos de siempre están desapareciendo: unos han cerrado y otros se convierten en bares ultra pijos todos iguales. Coleccionar cromos de fútbol, sin embargo, es un ritual que permanece. Para los niños, el álbum de la temporada es un lujo que cuidan con mimo, lo enseñan con alegría, lo completan con ilusión y lo guardan en la estantería de por vida. Hoy en día todavía da gusto ir a algunos lugares a intercambiarlos. Este trasiego en la calle es lo que vale la pena para el coleccionista. Es una relación humana donde unos y otros buscan salir ganando: conseguir aquellos que te faltan a coste cero. Hay picaresca, pero también generosidad; trueque, entretenimiento, conversación, regateo, curiosidad, tensión, frustración.

Se han acabado los campamentos de verano. Hace décadas eran un aliciente sin objetivos donde los niños y los monitores se esforzaban, se divertían, aprendían, transformaban su personalidad. Hoy son un negocio que se vende como apropiado para aprender a cocinar, a jugar al fútbol, a tocar un instrumento musical, a mejorar el inglés, a fijar tus creencias religiosas cristianas. El papá se cree que a la vuelta del campamento el niño poco tendrá que envidiar de Adrià, a Messi, a Chaikovski, a Shakespeare o al papa Francisco. La gente lo considera una inversión y no son conscientes de la superficialidad con la que leen la realidad.

Contexto II. Religiones

Judíos ortodoxos, musulmanes talibanes, católicos ultras. ¡Qué desgracia, para un ser humano, sobre todo para las mujeres, nacer en estos contextos! Hay que tener mucho coraje para salir de ahí y pocos lo consiguen.

Los guardianes del dogma son como el ojo que todo lo ve. Todo lo observan: es la lógica del panóptico. Allá donde creen que se han ofendido sus sentimientos religiosos actúan para hacer retractar al «ofensor» y que se les pida perdón. Casi todos claudican por miedo a estos vigilantes. Lo único que nos consuela es que no gozarán de la vida eterna en la que creen porque no existe.

Hay entrenadores de fútbol profesional que obligan a rezar a los jugadores antes de saltar al campo de fútbol, el fin de semana. Cuando lo criticas porque te parece que no tiene ningún sentido, hay quien se siente ofendido. Lo que parecería oportuno es saber que cada espacio tiene su función y su simbología. ¿Les sentaría bien si un futbolista se pusiera a dar toques de balón durante la celebración de una misa? Pero es que, además, ¿un entrenador puede condicionar con sus creencias a sus jugadores? Y aunque todos las compartan, ¿qué confianza transmite cuando apela a la intervención divina, un factor que queda fuera de su control, para conseguir buenos resultados? Que un enterrador profesional haga esto refleja su dogmatismo y su ignorancia sobre la simbología del fútbol.

Las religiones están presentes en el fútbol —entrenadores que rezan como hemos dicho, clubes que van a misa «tradicionalmente» al principio de temporada, jugadores que se santiguan, invocan al cielo, portan crucifijos, etc.— y será difícil que esto cambie dado el pelotón de soldados educados en la fidelidad a una institución que, presuntamente, ha apoyado a los fascismos del siglo XX: Franco en España, Mussolini en Italia, Hitler en Alemania, Pinochet en Chile, Videla en Argentina, etc. Ha acusado de herejía a los que piensan diferente, a científicos como Galileo Galilei, y quemado personas en la hoguera, como a Miguel Servet, para atemorizar a toda la sociedad (presuntamente).

Si viendo los incendios en la televisión te asustas, ¿cómo sería presenciar el fuego en la hoguera de personas vivas? ¿Cómo se sentirían estos sujetos injusta y cruelmente asesinados? Los pirómanos de humanos no han cejado su comportamiento. Otras maneras encuentran para continuar su actitud mortífera.

Pregona la pobreza, pero adora la riqueza: es un negocio con implicaciones en todos los sectores productivos. Tienen posesiones materiales en el mundo entero: escuelas, garajes, locales, hospitales, iglesias, monasterios, campos de cultivo... y haciendo cola para entrar a uno de sus museos es imposible calcular los ingentes ingresos de esta taquilla. Pero además, reciben del Estado millones de euros anuales a través de la declaración de la renta. Como no les es suficiente acaparan bienes inmatriculados. Asimismo, gozan de privilegios económicos. ¿Cuánto dinero se puede ingresar en el cepillo, que no es declarado a Hacienda, durante un fin de semana? Pedir dinero es lo que mejor saben hacer. Ni que decir de todas las acusaciones que hay contra ciertos de sus trabajadores por ser presuntos pederastas y por la desaparición forzada de recién nacidos en España (un fenómeno que se dio desde 1938 hasta 1996). Dada su homofobia organizan cursos para curar la homosexualidad y debido a su misoginia no esperamos encontrar mujeres en el futuro entre sus mandatarios (todo presuntamente).

Presuntamente: qué palabra más útil. Permite decir verdades sin acabar en la cárcel.

La defensa radical de cualquier religión ofusca la mente. Quien encubre y justifica a un pederasta es porque no sabe lo que siente un niño cuando le manosean los genitales o no comprende qué significa que se vea obligado a acariciar un «miembro» adulto.

Un tipo tiene un local. Lo alquila por cuatrocientos, quinientos o seiscientos euros, lo que implica que tiene que pagar al Ayuntamiento por estos ingresos. Otro ciudadano posee una vivienda y también tiene que rendir cuentas anualmente al consistorio. ¿Por qué la Iglesia posee locales, edificios, plazas de garaje, terrenos y pisos y no tiene que pagar el mismo impuesto que los demás, ingresando la totalidad de los beneficios sin tributar? Ya sabemos que tiene la legislación de su parte, pero no es ético y resulta desconcertante cómo pueda haber personas que defiendan esta injusticia fiscal.

Llega la Navidad. Llegan los rastrillos. Una borrasca de dinero caerá en manos de sus organizadores. No hay gastos, todo son ingresos. Venden material donado gratuitamente con trabajadores voluntarios voluntariamente explotados. Para justificar sus copiosos ingresos dicen que los derivarán a ancianos en situación de pobreza o muy enfermos y abandonados; a niños maltratados y humillados en diferentes genocidios; a mujeres golpeadas... Hay que buscar una víctima sexy y acompañarlo todo de un *marketing* omnipresente y mentiroso, como cualquier *marketing*. Todo ello bien contextualizado: bonitas luces adornan la ciudad, tiendas que se engalanan para recibir clientes, belenes por las calles, películas eclesiásticas en las televisiones y mucho turrón en los supermercados.

Ritmo 12. Machismo

Las mujeres no lo han tenido fácil en el fútbol. Si antiguamente tenían difícil jugar o arbitrar con argumentos absurdos, actualmente se infravaloran sus resultados. Incluso no ha sido sencillo, ni lo sigue siendo, para otras profesionales como las fisioterapeutas. Algunos piensan que no pueden ejercer su profesión porque ven los cuerpos desnudos de los futbolistas en el vestuario. Esto es tan ilógico como decir que un ginecólogo no puede ser varón (algo sobre lo que ya hablé en *Humanizar el fútbol*[9]). Al final todo se explica por la mentalidad sucia de los que juzgan a la mujer de acuerdo a criterios machistas. Cuando los escuchas, parece claro que no saben pensar. Pensar consiste en problematizar, argumentar y conceptualizar. Se cree que las personas tienen esta capacidad, aunque es evidente que no es así.

Según el hombre clásico español de «toda la vida» somos unos «tontos del culo» y unos «gilipollas» los que consideramos como machista un beso en los labios a una futbolista durante la entrega de medallas de un torneo. Insultos, racionalizaciones y delirios de persecución son los argumentos con los que se de-

[9] *Op. cit.*

fienden de las críticas por el comportamiento machista. No comprenden que besar en los labios es un acto simbólicamente potente que puede ser interpretado por las mujeres como agresivo e insultar no muestra nada más que la arrogancia del «señor» que cree que el mundo es como él lo piensa. La victoria de la selección femenina española de fútbol en el mundial de Australia (agosto de 2023) es un logro deportivo, político y social. Muchas mujeres anónimas han tenido que luchar contra el machismo para conseguir hoy este triunfo y es a ellas, para ser justos, a quien habría que dedicar la victoria. Incluso a algunas que hoy en día se han negado, con consecuencias personales negativas elevadas, a formar parte de esta selección. Es un acto performativo (en el lenguaje de la filósofa feminista postestructuralista Judith Butler) que beneficia la pluralidad.

Me atrevería a decir que la negativa de treinta y nueve futbolistas, campeonas del mundo, a ir a la convocatoria de la selección española femenina del 15 de septiembre de 2023 es una de las performatividades contemporáneas más importantes realizadas por la lucha feminista. Gracias al fútbol, a las mujeres futbolistas, se está poniendo en jaque el poder machista del fútbol industrial que no sólo es ideológico sino económico y político. Rápidamente los poderosos lanzan a través de sus periodistas en nómina (televisión, radio y prensa escrita) sus mensajes difamatorios invitando a las mujeres a limitarse a jugar al fútbol y a callar sobre otros asuntos. Tratándose de una *performance* antisistema hay que arremeter contra su discurso. Tengo la esperanza de que las futbolistas mantengan la lucha porque lo que está en juego es la democracia. Es un momento históricamente subrayable el que estamos viviendo.

El fútbol industrial está repleto de machistas y no va a ser tan fácil desprenderse de ellos. Muchos gestionan el fútbol nacional, pero también el local y lo quieren seguir haciendo por razones ideológicas y económicas. El chulo de piso de lujo o de chalet adosado es más peligroso que el chulo de barrio.

Las futbolistas mujeres han ganado el mundial porque la sociedad española ha avanzado en sus derechos. Deporte y sociedad van de la mano. La victoria hubiera sido imposible en un país franquista donde eran perseguidas. Es gracias a que el pensamiento feminista ha ido calando en España que el machismo va retrocediendo. Si queremos que sigan ganando, habrá que continuar peleando fuera de los campos de fútbol: cambiando las mentalidades obscenas de la «gente de bien».

Los jugadores hombres del fútbol (y otros deportistas masculinos), con sus silencios, demuestran su nulo compromiso con la igualdad de género. Salvo excepciones pierden su dignidad por seguir en el mercado. Están demasiado acomodados para poner en peligro sus privilegios. Si hay que esperar algún cambio en los ritmos del fútbol industrial tendrá que venir, en parte, de las mujeres futbolistas. No es de esperar en nadie más su grandeza moral.

Los entrenadores se lamentan de que se les despide sólo por los resultados, pero cuando se les despide por apoyar a machistas ruegan que los despidan por los resultados y no por su actitud inhumana.

Algunos «periodistas» dicen que es inadmisible tocarse los genitales masculinos en el palco de un campo de fútbol, al lado de la reina de España, durante la final del Mundial Femenino de Fútbol de Australia. ¿Pero la reina ha opinado sobre el asunto? Nada (por lo menos en público). Yo no creo que se asuste fácilmente esta reina que ha convivido con ese ex cuñado, con ese suegro... Pero, además, ¿es que el resto de personas no tenemos estatus suficiente como para sentirlo como un gesto grosero? Nos dan a entender que si uno se toca los genitales unas filas más abajo, entre el populacho, puede considerarse «normal». Lo que quieren decir es que en el palco hay educación y en el graderío borregos. Lo que no dicen es que en la zona noble de un campo de fútbol hay más probabilidades de encontrar muchos más corruptos por metro cuadrado que en la grada.

Gracias a la ciudadanía se cuestiona el régimen futbolístico industrial. Me encantan sus cánticos críticos durante los partidos de fútbol porque tienen la fuerza de poner nerviosos a los poderosos.

También hemos visto machistas que son los primeros que felicitan a las futbolistas por su victoria cuando han estado infravalorando los logros de mujeres deportistas y de luchadoras feministas. Es una oportunidad para limpiar su imagen pública. Los que han ridiculizado el pensamiento feminista son los que ahora se quieren colgar la medalla de oro del feminismo. Conocemos su maldad porque se comportan de manera opuesta a como son. Se hacen notar para dar una imagen distinta de ellos mismos, pero quedan al descubierto porque gracias a Freud sabemos en qué consiste la formación reactiva.

Cada 25 de noviembre se celebra el Día Internacional de la Eliminación de la Violencia contra la Mujer. El 27 de noviembre de 2021 el F. C. Barcelona juega en Villarreal. Viste de morado para apoyarlo simbólicamente. Son gestos importantes para combatir un problema social tan preocupante. Son gestos que contribuyen a que el código ético de la Real Federación Española de Fútbol no quede en papel mojado (título II: «Principios, pautas de conducta y valores institucionales»).

Habría que preguntarse no por el acto violento sino por los motivos que lo desencadenan. Ansia de dinero, deseos patológicos de identidad cultural, delirios de grandeza, ganas de poder, orgullo desmesurado, odio, ambición de fama, dogmatismo religioso, bravuconería. Siguiendo a Ignacio Martín Baró, hay que recordar que la violencia es ideológica. Es decir, que lo que es violento y lo que no lo es viene definido por el poder. Una agresión o un insulto no es violento porque sí, sino porque los poderosos lo definen, o no, como tal. Así, los hombres han matado y golpeado tradicionalmente a las mujeres y no se consideraba violencia. Solo cuando éstas comenzaron a denunciarlo consiguieron que sus moratones o sus tumbas fueran datos suficientemente concluyentes para ser consideradas víctimas del machismo y luchar por conseguir una legislación que las protegiera. Como la violencia es ideológica, los políticos conservadores tratan de definirla a su manera y así acabar con los derechos conquistados. Ahí va a estar la lucha: en la enunciación de lo que es considerado como violento. Veremos en qué acaba todo esto, pero ya adelanto que las mujeres y los hombres van a tener que seguir luchando para que las vejaciones recibidas se consideren delito.

Contexto 12. Adoctrinamiento

Cuantas menos chicas ven los chicos y cuantos menos chicos ven las chicas, entre semana, más desaforados van en su búsqueda los fines de semana. Que se lo digan a los estudiantes de los colegios que segregan por sexos.

Durante las fiestas del Pilar de 2022 presencié un «espectáculo» de drones en el río Ebro. Nada más comenzar, se iluminaron en el cielo con los colores de la bandera de España. A la bandera nacional, le siguieron las letras de ZARAGOZA y a continuación la figura de la basílica del Pilar, la propia virgen, la jota aragonesa, el cachirulo. No me siento identificado con estos símbolos: ofenden mis sentimientos intelectuales. Sólo faltó el ternasco de Aragón con patatas a lo pobre y el Real Zaragoza. No sé qué pensó la gente allí reunida (miles de personas), pero lo cierto es que, al finalizar, nadie aplaudió. Fue un síntoma de esperanza, pues quizás en esta ciudad no seamos tan mansos como se creen los gobernantes. También es cierto que al día siguiente no leí ninguna crítica en los medios de comunicación a este adoctrinamiento masivo que termina calando en la mente. No conviene hacerse demasiadas expectativas sobre el ser humano.

Más tarde en Semana Santa miles de personas salen a celebrar la resurrección de Jesús. Poco se puede esperar de una ciudad cuya buena parte de sus habitantes todavía creen en la vida eterna.

Ya llega una riada de racistas, machistas, homófobos, negacionistas, franquistas, ultracatólicos, clasistas y militaristas que van a arrasar con extranjeros, mujeres, homosexuales, sanitarios, maestros, demócratas, ateos, pobres, personas con discapacidad, republicanos y pacifistas. La grabarán en vídeo para mostrarla por las redes sociales. Luego tocará evaluar los daños. Alguno quizás tome conciencia de cómo ha alimentado la corriente, otros ni se darán por aludidos y más de uno gozará viendo la destrucción. Conviene no olvidar que la democracia en España no ha sido habitual, a lo largo de su historia, por lo que hay que comprometerse para salvaguardarla de la riada. Hay que cuidarla porque los fascistas ya ocupan posiciones de poder.

Nos quieren hacer creer que los violadores rondan sueltos por España por culpa de la ley denominada popularmente «sólo sí es sí». Según dicen también quienes así creen, ETA está de vuelta. Están deseando que ocurra una violación o un atentado para convertirlo en mediático y conseguir votos.

Ritmo 13. Racismo versus clasismo

No ser racista supone aceptar el relativismo cultural. El antropólogo Franz Boas y sus discípulas dieron su vida por difundirlo. Tantas veces fueron criticadas por su posición teórica. Ni aún hoy en día encuentra tantos seguidores como sería necesario para entender que no hay razas.

¿Qué es el racismo? Para aclararlo, no conviene confundirlo con el clasismo: en el deporte (en la sociedad) hay extranjeros considerados, tratados, de distinta forma. Al final todo tiene que ver con el poder, no con la segregación. Así se entiende que a cualquier deportista foráneo se le otorgue la nacionalidad española en poco tiempo, si tiene posibilidades de conseguir éxitos, de producir, mientras que otro inmigrante anónimo deba esperar años para conseguir la misma documentación.

Los racistas mandan a la policía a correr detrás de los africanos (subsaharianos y magrebíes) que venden en el top manta, pero hacen la vista gorda con otros okupas del espacio público que también venden como los voluntarios de la Cruz Roja con su lotería, los testigos de Jehová que esparcen sus creencias o los comerciales de la ayuda humanitaria con sus intentos de suscripción. Todos comercian en la calle, pero sólo se reprime a los primeros.

En este contexto social, el racismo en el fútbol no es el problema que nos quieren hacer ver que es. Los poderosos lo quieren conceptualizar a su modo de acuerdo con la rentabilidad. Nos quieren hacer pensar que ser racista es pensar desfavorablemente hacia unos extranjeros (los que tienen valor mercantil), pero no hacia otros (los que no lo tienen). Declaraciones y actos racistas hay cotidianamente, pero sólo se castigan si son contra aquellas personas que tienen valor en el mercado capitalista.

Este deporte es un negocio que da entrada a profesionales de muy distintas culturas. De hecho, se fichan un sinfín de jugadores de otras nacionalidades para mejorar los equipos. Un gestor puede ser racista, pero reprimirá sus creencias para fichar a un extranjero si rinde y criticará los insultos «racistas» contra el fichaje no por el color de su piel, sino porque el objeto-futbolista puede perder valor en el mercado. Estos racistas denuncian a los racistas porque perjudican su economía no por humanidad. Por lo tanto, no hay discriminación en las organizaciones hacia los otros siempre y cuando sean lucrativos. Es un racismo más sutil. Se defiende o se ataca al foráneo no porque lo sea sino por su valor mercantil. Si discriminas a un extranjero pobre te felicitan aquellos mismos que fingen abanderar la lucha contra el racismo. No se inquietan cuando inmigrantes y refugiados empobrecidos mueren en pateras o son explotados, golpeados, humillados, insultados y asesinados, pero fingen preocupación si el extranjero es un buen futbolista.

Por todo esto, o más en concreto, los mandatarios han organizado una iniciativa titulada LALIGA VS RACISMO que más bien debería llamarse NO INSULTES A VINICIUS, jugador del Real Madrid con buen rendimiento, al que conviene proteger para que no deje de producir. Todo el mundo sabe que fue insultado en Mestalla (Valencia) en mayo del 2023, sacándolo de quicio y poniendo en peligro su juego. Meses más tarde se informa de que tres aficionados valencianos fueron condenados a ocho meses de cárcel y a estar dos años alejados de los estadios de fútbol por insultos racistas a Vinicius (en este caso la justicia no ha sido muy lenta).

No se trata de proteger a la persona Vinicius sino a lo que representa (él mismo, sin ser consciente de ello, está siendo manipulado: el día que deje de jugar bien lo arrojarán al estercolero como a tantos otros). Este sujeto es convertido en un símbolo a través del cual se manda un mensaje claro: si insultas a un forastero productivo acabarás en la cárcel. El sistema te permite menospreciar a un negro siempre y cuando no tenga valor de mercado. De lo que no serás nunca consciente es de que eres víctima de un alboroto que conviene alimentar, a través de los medios de comunicación de masas, para proteger un negocio. Eres el chivo expiatorio a través del cual se evita crear una opinión pública cruel dirigida, más directamente, hacia la mismísima autoridad. Por eso, el aficionado acaba en la cárcel; no por insultar a un negro, sino para prevenir la pérdida de ingresos y de prestigio de los mandatarios.

Pero claro, la represión del aficionado no será suficiente si el futbolista no hace algo de introspección. Siempre ha habido personas que desean ser insultadas por la ganancia secundaria que obtienen. Cuando has tenido un mal pasado y hoy fanfarroneas, calmas tu inquina provocando el desprecio del otro; te alimenta la envidia que cocinas. Las respuestas injuriosas de los demás a tu desafío contribuyen a tu bienestar, las necesitas para sentirte bien. Te encanta ser el protagonista de esta película, pero cuidado porque no eres consciente del peligro al que te expones. Si un jugador necesita sentir los insultos de la grada para sentirse bien habría que indagar por qué. Si yo fuera su psicoterapeuta le haría pensar en ello.

Premier League players take the knee. Contra el racismo gran parte de los jugadores, entrenadores y árbitros arrodillan una pierna antes de empezar el partido del fin de semana. Esto solo pasa en Inglaterra. Parte del fútbol español industrial tiene poca conciencia social y se niegan a reproducir este gesto. Sin embargo, quienes no se arrodillan son los mismos que se ponen histriónicos cuando insultas a un jugador negro de los suyos.

Buena parte de los insultos «tradicionales» de parte del graderío es porque los aficionados no tienen creatividad y ofenden sin pensar. No sé si son racistas, pero lo que sí sé es que no tienen talento para difamar. Viendo un partido de infantiles pita un árbitro negro. Unos padres del equipo rival le dicen, despreciándolo: «¡Que vienes a ganarte un plato de comida y un vaso de agua!». Lo que no saben es que este árbitro acaba de terminar el instituto y se ha matriculado en la Universidad de Zaragoza, en el grado en Administración y Dirección de Empresas, con lo cual ya tiene más formación que gran parte de los familiares que le gritan desde la grada por el color de su piel. De todos modos, no hay nada más que ver al entrenador de sus hijos, vociferando y blasfemando durante setenta minutos en el banquillo, y a los jugadores dando patadas sin sentido a los rivales, para comprender que todo ese club es insalubre y que los menosprecios del graderío son consustanciales a la cultura de la organización. En cualquier caso, para el fútbol industrial estos insultos racistas carecen de importancia y nadie irá a la cárcel por vociferarlos.

Igual sucede con el racismo ciudadano, que se manifestó el día 6 de diciembre de 2022 cuando la selección española de fútbol perdió contra la de Marruecos en el Mundial de Qatar. El disgusto de los españoles es mayúsculo porque perder con los «moros» es una afrenta muy difícil de digerir. En este caso, la rabia no la provoca que un nuevo rico refrote su riqueza sino el agravio al orgullo nacional. De lo que no se dan cuenta es de que hemos perdido por eso, por racistas, por etnocéntricos, por creernos superiores sin motivo... y porque un entrenador engreído y nepotista no puede dirigir futbolistas hacia la victoria. Con esa actitud no se es capaz de desarrollar relaciones profesionales exitosas.

Pedí a mis estudiantes que me contaran qué comentarios racistas habían escuchado o leído durante el Mundial de Qatar, en noviembre de 2022. Gracias a ellos puedo reproducirlos. Qué mal presagio para todos cuando la gente tiene una mentalidad tan estereotipada. Tienen el odio dentro. El nacionalismo, tan explotado por el fútbol, es muy peligroso porque provoca desavenencia. Hace sacar a la luz lo peor de cada uno hasta desembocar en violencia contra los demás. Hubo comentarios racistas sobre la selección francesa, que fue menospreciada por estar formada por jugadores negros no franceses. También hacia la japonesa cuando ganó a la española: «Chinos de mierda», «Los chinos otra vez tocando las narices» (estos sabios no comprenden que Japón no es China), «El único fútbol que saben jugar es el de Oliver y Benji». Pero los testimonios más despectivos surgen porque la selección española perdió contra la de Marruecos. Se difunden, sobre todo, en las redes sociales, porque los medios de comunicación masiva no han recibido la orden de pregonar estos discursos segregacionistas. Este es el comentario de una de mis estudiantes marroquíes: «Twitter se ha convertido en el reino seguro de los racistas, que se atreven a comentar sin recibir ningún castigo por ello. Con los que más me he sentido identificada son con aquellos que me implican a mí también como inmigrante en España. Unos nos invitaban a irnos del país, otros parecían habernos tenido acogidos en sus propias casas y otros criticaban directamente a los políticos que nos dejaban entrar. A mi hermana pequeña, que va a un colegio concertado, su propia profesora se dirigió a ella hablando de nuestro país como espacio para criminales». Los siguientes son algunos de los estereotipos recogidos por mis estudiantes y enunciados por personas nocivas para la convivencia:

> «Esos moros de mierda cómo pudieron ganarle a España, seguro que habrán pagado para ganar, un poco de reconocimiento, pero que disfruten del partido ganado este año que no lo volverán a hacer más», «Los echamos de España y ahora toca echarlos del Mundial», «Puto moro solo eres español cuando te conviene», «Si tan

orgullosos están de su país, que se vuelvan en patera», «Pues ahora que se vayan a su país», «Que vuelvan nadando a su país de mierda», «Moro, vete a tu país», «Si tanto te alegras de habernos ganado, que se vayan a su puto país y nos dejen tranquilos», «Que se vayan a su país para celebrarlo», «Les damos el país y nos traicionan», «Putos moros de mierda se van a quedar sin país de acogida (...) y no les digas nada que te tiran una bomba», «Puto árbitro argentino, pítanos algo a favor, que existes gracias a nosotros», «Macho, se alegran de que gane su selección, pero luego les falta tiempo para saltar la valla», «¿Los jugadores marroquíes entrarán por la puerta al campo de fútbol o saltarán la valla?», «Que se centren en aprender a saltar la valla y se dejen de jugar a la pelota», «Os vamos a regalar un jamón como agradecimiento», «Como vea a un moro celebrar por la calle que ha ganado le voy a pegar», «Ojalá se mueran, ya que solo valen para recoger uvas por cuatro perras», «Los marroquíes solo saben robar y correr», «Cómo se nota que están acostumbrados a huir de la policía», «Nos ganan porque están acostumbrados a correr más porque huyen de los leones de la selva», «Los sacas de la selva para que te hagan esto (...), putos moros iros a comer plátanos», «¿Qué hacen en un Mundial cuando deberían estar con sus cinco esposas?», «Putos moros de mierda», «Putos moros que no sirven para nada», «Míralos cómo rezan los putos moros», «No habían peleado así desde 1492 (...) nuestros antepasados hicieron pinchos morunos con ellos, nosotros tendríamos que hacer lo mismo» (como si tuviera algo que ver el descubrimiento de América con los marroquíes).

Contexto 13. Redes antisociales

Las relaciones sociales *online*, sean del tipo que sean, son superficiales. No se puede interaccionar afectivamente a través de un móvil o de una pantalla de ordenador. Si son funcionales pueden sobrellevarse dado que generalmente no te importa el otro. Pero no sirven cuando se requiere algo de sentimiento. Desdichadamente, se han popularizado la enseñanza *online*, las terapias *online*, las amistades *online*, que son totalmente infructíferas porque la cercanía física es necesaria para iniciar, crear o mantener una relación educativa y afectiva positiva; una relación humana.

Las verdaderas redes sociales son las que tienes con el verdulero, el panadero, el carnicero, el albañil, el amigo. Son con aquellos con los que no debería haber nada que aparentar. Si predominan no hay necesidad de las virtuales, que son un negocio que te ofrece satisfacer tus demandas comerciales (vender tu producto) o tus necesidades psicológicas (haciéndonos ver que subes grandes montañas, navegas y nadas en océanos peligrosos, te relacionas con famosos...) para evitar reconocer que eres un donnadie. Sólo un donnadie puede considerar un mérito profesional el tener muchos seguidores... que han caído en sus redes.

Lo artificial nunca puede ser inteligente. Atribuir un rasgo humano a las máquinas es desde el principio una falacia. Es tan absurdo como creer que un ordenador tiene sentimientos. ¿Acoso echó a llorar el de Bárcenas cuando le pegaban martillazos?

Ritmo 14. Nacionalismos

Cuando haces un recorrido por la historia universal es fácil concluir que los nacionalismos son un peligro para el ser humano. Generan discordia, enemistades, violencia, muerte. Nadie debería estar dispuesto a darlo *todo por la patria*. La bandera es el símbolo aparentemente inofensivo del terruño que se muestra con orgullo en los estadios deportivos, en las plazas de las ciudades, en las pulseras, en las gorras con visera, en las mascarillas, en las camisas, en los calcetines y en los calzoncillos. Algunos políticos lo usan como símbolo fálico de bravuconería colocando el mástil y el emblema nacionalista, lo más grande posible, en un lugar público bien visible.

Una idea nacionalista, y no el juego, es lo que justifica tantas veces la preferencia por un club u otro. Es un sentimiento tan visceral que por eso enervan las derrotas y alegran tanto las victorias. Porque está en juego el engreimiento patrio.

Cuando padeces barçafobia cualquier motivo es bueno para despellejar a quien tenga vinculación con el «Farça»: jugadores, entrenadores, directivos, aficionados. Se critica el juego, sus comportamientos, sus discursos, su cultura (el idioma, su alimentación, sus fiestas); se justifican agresiones físicas y verbales. No es una crítica al uso, algo que puede ser razonable, sino que proviene del odio a todo lo que simbolice a este club, es decir, a la identidad catalana. ¿No es esto racismo? Sí. Aquí es donde el nacionalismo español encuentra cómo proyectar su animadversión porque el F. C. Barcelona no es considerado españolista. Y esto es intolerable, para el paciente de barçafobia (a los madridistafóbicos les ocurre lo mismo, pero en sentido inverso: detestan el centralismo nacional católico españolista).

Qué duda cabe que el nacionalismo catalán y el español se retroalimentan. Se necesitan, se desean. Cuanto más sube uno más sube el otro, y viceversa, en forma de adeptos y de merchandising nacionalista.

El patriotismo mata. Es un alucinógeno que te hace perder la noción de la realidad. Desde pequeños nos emponzoñan el sentimiento de pertenencia a una nación (a una ciudad, a un pueblo, a un club deportivo...). Tan aprehendido lo tenemos que a cualquiera que lo invoque le damos apoyo incondicional. La religión es su pareja de baile. A lo largo del tiempo el afán de conquistar territorios y la defensa de la fe han causado guerras, muerte, torturas, asesinatos. Religión, patria y ladrillos: ahí tienes lo que dirige un pensamiento contra humano. La solución para la paz mental individual, y por lo tanto la paz con los otros seres humanos, es ser cosmopolita y laico.

No sé por qué suena el himno de un país cuando juegan las selecciones nacionales de fútbol (y de otros deportes). Dejar de emitirlo contribuiría a la paz ya que aminoraría la relación entre fútbol y patria.

Ahora todos son sociólogos. Inmediatamente después de la victoria de la selección española masculina de fútbol en la Eurocopa 2024 cualquiera escribe (con las tripas, más que con la cabeza) sobre sus positivas consecuencias en la sociedad. Informan de un país imaginario y utópico que sólo existe en su imaginación: para ellos se acabó el racismo y las relaciones entre todos han dejado de ser problemáticas. También se crean héroes individuales caracterizados por una vida personal y familiar difícil, pero hoy resuelta gracias al esfuerzo. Nico Williams y Lamine Yamal son negros, de origen extranjero, probablemente musulmanes, juegan en Cataluña y en el País Vasco... ganaron la Eurocopa de Fútbol en julio de 2024, pero este logro no es suficiente para considerarlos símbolos de identidad de la España rancia. A pesar del optimismo que quieren transmitir, a mi juicio no es de esperar ninguna transformación social gracias esta victoria porque las victorias no generan transformación social. Pronto lo deja claro, por si había alguna duda, uno de los capitanes de la selección que al saludar despectivamente al presidente de su país en la recepción que les hace por la victoria en el palacio de la Moncloa, pone sobre el tapete la fuerza del fascismo nacional presente en España y echa por tierra cualquier expectativa imaginada (semejante atrevimiento sólo se lleva a cabo cuando sabes que tienes apoyo social). Así, la realidad es que el rey emérito seguirá fuera de España, jueces concretos continuarán siendo injustos, la policía seguirá espiando a los opositores al régimen franquista, los seis de Zaragoza desayunarán de nuevo en la cárcel, el concordato con la Iglesia no será revocado, los menores inmigrantes serán insultados y deambularán sin destino... Si al menos estas victorias implicaran el indulto de algún preso político, aquellos que piensan distinto, sí que podrían valer la pena. Pero nada de eso, ganar apuntala todos los vicios del fútbol negocio. Las federaciones nacionales y sus territoriales justifican su poder y callan sus vergüenzas.

Las selecciones de fútbol han perdido importancia para los futbolistas, tan sólo interesan a los federativos, y para los patronos de los clubes que piensan en sus organizaciones. En el futuro las selecciones jugarán peor y se convertirán en un pasatiempo para el pueblo porque el patriotismo tiene innumerables adeptos. Desgraciadamente, ganar recrea la identidad nacional. Para prevenir lo peor del sentimiento nacionalista, la alegría por la victoria debería interpretarse como tal, de una forma pragmática, alegría por ganar, sin más.

Rafa y Carlitos, cariñosos diminutivos con los que se habla de Rafa Nadal y de Carlos Alcaraz, sí que son españoles con los que hay que identificarse. Por lo menos eso opina el poder y la prensa que no hace sino construir una buena imagen de ellos y convertirlos en símbolos de España. Una España de heterosexuales, blancos, monárquicos, antifeministas, hinchas del Real Madrid... Rafa y Carlitos parecen encantados porque con sus declaraciones públicas y sus gestos y gritos de autoánimo en cada tanto que ganan durante un partido de tenis ponen al pueblo de su parte.

Los himnos de los clubes se inventan. No hay ninguno tan simbólico como el *You'll never walk alone*. Los demás tendrán que esperar su tiempo hasta llegar a ser «tradicionales», aunque quizás no tanto porque están repletos de loas a la tierra y de creación de orgullo local. Por este motivo, se pueden incorporar rápido al imaginario de los aficionados y lo cantan quedando hechizados, dominables.

Contexto 14. Colectivos de intervención

Tradicionalmente los trabajadores sociales han considerado como colectivos de intervención a los inmigrantes, ancianos, personas con discapacidad, enfermos mentales, internos penitenciarios, etc. Hoy deberían ampliar su labor a votantes de fascistas, homosexuales homófobos, homosexuales de derechas, enterradores de fútbol, emprendedores violentos, alumnos de colegios que segregan por sexos, extranjeros racistas, mujeres machistas, televidentes de programas del corazón y a un sinfín de grupos de personas que necesitan ayuda psicosocial.

Qué se puede esperar de una ciudad donde la máxima gobernanta se comporta como una estudiante de primaria de un colegio concertado, donde un individuo deja orinar a su perro delante del portal de tu casa y te mira retador para ver si le dices algo, donde uno aparca el coche impidiéndote el paso y te riñe si le pitas con el claxon, donde un tipo tira un escupitajo en la calle y casi te salpica, donde alguien decide cerrarte el tráfico para rendir pleitesía a una princesa, donde los participantes en el rosario de cristal te insultan por cruzar de acera delante de ellos, donde miles de conciudadanos adoran a una virgen, donde el suelo pertenece a los de siempre, donde un maestro no atiende la angustia de un alumno, donde un entrenador de fútbol trata con despecho a los niños, donde una de tus estudiantes universitarias te quiere aplicar el pin parental, donde un padre del equipo contrario demuestra ser un imbécil, donde el carnicero se cree que eres tonto y te intenta vender lo que no quieres, donde alguien ha decidido que edificios interesantes y ruinas romanas permanezcan abandonadas, donde un político decide que sólo se cuidan las plantas de las plazas de sus votantes, donde franquistas quieren que tus familiares permanezcan en las fosas a las que arrojaron después de asesinarlos, donde «cuatro» familias de caciques deciden lo que hay que hacer, donde los trabajadores del club de fútbol de tu ciudad hacen el ridículo año tras año, donde un intelectual de escaparate te censura un libro, donde una camarilla de lameculos te censura un artículo de prensa, donde hay gestores públicos que solo quieren ser famosos, donde un político fascista nos representa fuera de casa, donde los clientes del bar de abajo no paran de molestar, donde entre unos y otros hicieron de la estación de tren un no lugar, donde buena parte de los taxistas te obligan a oír la COPE, donde los funcionarios han decidido que tardes meses en conseguir una cita *online* en el registro civil (única manera de acceder a él), donde parte de la policía local abusa de su autoridad y te trata con chulería, donde el vecino es un maleducado, donde tanta gente siente orgullo del belén y de las luces navideñas, donde en esta sociedad militarizada todo depende de la influencia. Este ambiente social resulta angustiante y en él es difícil crecer.

Ritmo 15. El trabajo psicológico: el *post-it*

Cada día que pasa me avergüenza más mi gremio: el de la psicología. Parte de los que la practican carecen de cultura general, realizan diagnósticos sin profundidad y sus intervenciones son simplistas. Lo único que han sabido hacer es ganarse un sitio en el mercado laboral: son los únicos científicos sociales que tienen trabajo.

El trabajo psicoterapéutico es como uno de investigación en el que se anima al otro a rememorar los sucesos de su vida pasada porque ahí se encuentra la explicación de sus síntomas psicológicos. El terapeuta debe despertar el interés por la exploración de uno mismo. El paciente debe tener inteligencia y valentía. Descifrar algún enigma puede ser doloroso, pero es más no descubrirlo.

Racionalizar es una característica básica del yo imaginario (siguiendo las ideas de Jacques Lacan). Por eso hay que desconfiar de lo que procede de su ámbito. El sufrimiento se encuentra en otro registro al que hay que llegar para que no duela cuando las cosas se tuercen.

Proyectamos: hay que entenderlo para comprender cómo nos ponemos al descubierto y juzgamos a los otros de acuerdo a nuestros rencores.

El yo imaginario mentiroso miente porque los otros yoes mentirosos se identifican con él, en el registro imaginario. Mientras haya otros yoes mentirosos el yo mentiroso lo seguirá siendo porque al mentir sabe que tiene millones de yoes mentirosos de su parte.

Se suele llamar usuario a las personas que demandan un servicio social. Damos por hecho que cuando nos consultan nos usan y que cuando ya no nos necesitan nos arrojan a la basura. Lo cierto es que las relaciones son así: los sujetos somos usuarios y usados.

La diferencia entre pedir ayuda y exigir ayuda es grande.

Estudiando psicología pensé que el condicionamiento operante era una simplicidad. Qué ingenuo. Con el tiempo, me di cuenta de que el ser humano funciona de acuerdo a este principio del aprendizaje, ya que ha sido condicionado así desde el nacimiento. El hombre vive para ser premiado o no castigado. No es capaz de pensar más allá. Lo han inhabilitado para no hacer otra cosa que buscar la recompensa o evitar la reprimenda. Es un esclavo feliz, optimista. No se percata a de que el señor es el que decide qué y cuándo le dará (o no) el «caramelo». Pero el esclavo solo quiere llevárselo a la boca y evitar el escarmiento haciendo, para ello, lo que haya que hacer.

Sólo una persona despiadada aconsejará dejar al bebé llorando toda la noche hasta que se calle. No entiende que es su manera de comunicarse: reclamar cariños, pedir alimentación, solicitar limpieza corporal, realizar juegos, sonreír... No atender su comunicación es prepararlo para el silencio. Aprenderá a estar callado en beneficio de los autoritarios. Dejarlo llorar es el primer maltrato psicológico que se le inflige y el primer paso hacia el nihilismo.

Según Bauman, la sociedad líquida actual carece de rumbo determinado, hay incertidumbre constante y está repleta de acontecimientos extraordinarios. Ojalá. Lo que yo creo es lo contrario: antes de nacer ya nos dibujan el camino que hay que recorrer y la vida sólo tiene sentido si realizas uno distinto, el que a ti te vaya bien. No obstante, sí que coincido en otras ideas del sociólogo polaco como cuando habla de la función docente: estimular la imaginación, remover conciencias, incitar a la duda.

Un día les conté a mis estudiantes que yendo de camino a la facultad oí a una mujer que le decía a otra algo así: «Pues este verano (...) con mi marido, en Peñíscola (...)». Cuando llegué a clase les pedí que terminaran la frase con algunas palabras clave (representaciones sociales). Este fue el resultado: «Chiringuito, paella, hijos, postura del misionero, *Heraldo de Aragón*, sombrilla, arena, calor (...)». Qué fácil es para todos, sin necesidad de ser un profeta, predecir el futuro de las personas domesticadas. Por eso triunfan los algoritmos. El patrón de aficiones y gustos es fácil de desentrañar. No vale la pena vivir la vida que te han contado que tienes que vivir, no tiene sabor.

La intimidad ya ha dejado de serlo. Estamos expuestos a otros y no percibimos el peligro. Los teléfonos móviles te escuchan y ahora el único camino es intentar no ser controlado por los matemáticos.

Los antropólogos sabemos que hay normas no escritas, esenciales para la convivencia, que están en desuso. La gratuidad en las relaciones ya no existe: no se hace nada por el otro a cambio de nada. La reciprocidad es escasa. No devolvemos. Tampoco está de moda la hospitalidad, la amabilidad con la que recibir al otro.

Aprender a pensar en los demás sería el objetivo fundamental de cualquier programa educativo. Pedir perdón es marginal: por ejemplo, todavía estamos esperando las disculpas de la Guardia Civil y de militares por su actividad criminal durante el franquismo.

El lenguaje crea realidad. Cuidado con lo que se dice. Hay que enseñar a hablar, a expresar con palabras lo que pensamos, sentimos, hacemos, nos imaginamos o percibimos. Todo ello es importante para la salud y la percepción de calidad de vida. Los psicólogos escuchamos y hablamos. No somos bien valorados porque no se entiende la importancia que tiene la conversación terapéutica.

Antiguamente se formaba a los ciudadanos en retórica y dialéctica, pero hoy en día estas destrezas se consideran inútiles. A los estudiantes ni se las nombran. Lástima porque muchos profesionales del ámbito sanitario, jurídico, docente, deportivo y político saldrían ganando si las dominaran.

Los bocadillos alimentan tu cuerpo; la televisión tu mente. Cuando sientas a un niño horas y horas delante de la pantalla para que no moleste tienes que ser consciente de que estás creando un imbécil al que tendremos que soportar durante toda su vida. Terminará con el cerebro repleto de ideas-heces en las que justificará sus opiniones.

De la misma manera que en las cajetillas de tabaco se advierte que fumar es malo para la salud, en la televisión se debería avisar de que el visionado de según qué programas es inapropiado para la mente. Los del corazón (por ejemplo, los telediarios) deberían comenzar con fotografías de imbéciles, para que los televidentes observaran las consecuencias que tiene ver la telebasura.

Se pasa por alto que el lenguaje nunca es neutral, sino que lo interpreta el oyente de acuerdo a sus características individuales y socioculturales. No es lo mismo una palabra, frase o discurso dicho por dos personas. Informa y afecta de modo distinto a quien escucha.

Para expresarse adecuadamente no hay que padecer desorden psicológico. Para comunicarse bien es necesario estar mentalmente cuerdo.

Las lagunas de información se rellenan con ideas propias que tienden a justificar una decisión equivocada, en lugar de reconocer desconocimiento. Un tonto decide sin saber, provocando malos entendidos, errores y discordia. Tantas cosas en la vida cotidiana funcionan de este modo.

Cuando una olla exprés está al límite, de manera automática expulsa el vapor para no explotar. Lo mismo ocurre con el diferencial de la luz. Lo mismo debería ocurrir con la angustia del ser humano, pero no es así. Es más, nos han contado que tenemos que aguantar. El sujeto está sujeto en el lenguaje. Por eso mi consejo es no reprimirse. Hay que hablar sin miedo antes de explotar.

Qué gusto da quitarse todas las capas de ropa de encima cuando tu cuerpo y tu mente sienten el enorme calor acumulado durante tiempo.

El cuestionario no es a la psicología lo que el análisis de sangre a la medicina. Pincharte la vena puede evaluar tu estado de salud física, pero unas preguntas en papel jamás hacen lo mismo con la mente. Hay que interaccionar mucho tiempo y profesionalmente bien para comprender un poco al otro.

El foco te ilumina para que no huyas. Quien lo maneja tiene ese gusto. Primero localizarte y luego dispararte. Es mejor estar en la sombra y huir de él. Cuando brillas, se acercan todos los bichos para picarte.

A los psicólogos nos envían personas de carácter indomable para hacerlas predecibles, pero deberíamos trabajar con personas estabuladas para ayudarles a ser libres. La normalidad es inhumana.

No sé qué tiene la psicología que cualquiera se cree que puede enseñarla y aplicarla. Les gusta a los exdeportistas profesionales y a los graduados en Ciencias de la Actividad Física y del Deporte. Estos últimos hasta la imparten en los cursos federativos de entrenadores de fútbol. Prepotentes que creen tener capacidad para hacerlo y directivos irresponsables que se lo consienten. Los estudiantes tienen que soportar estoicamente las tonterías que transmiten los que se las dan de sabios, que gozan sobremanera hablando y hablando sin parar de lo que no saben.

Un *coach* cualquiera, en cualquier momento y lugar del mundo del deporte y de la empresa, da una charla sobre comunicación y motivación, cobrando un buen dinero a cambio, habiendo sido contratado por ignorantes que creen que este discurso es bueno para mejorar la productividad de los deportistas o de los empleados:

> Hola, nací pobre. Mi padre era alcohólico, llegaba a casa borracho todos los días. Mi madre se prostituía para que nosotros pudiéramos comer. Me dieron varias palizas, pero yo siempre amé a mis padres. Mis ocho hermanos y yo mismo no pudimos ir al colegio porque nos llevaban a mendigar. Lo poco que recibíamos de limosna nos permitió sobrevivir. En el instituto me sodomizaron, aunque mis recuerdos de aquellos años son fantásticos. Me rompí la rodilla jugando al fútbol, pero tuve la suerte de recuperarme. Hoy soy *coach* y escribo libros de autoayuda. Destaqué en el mundo del deporte. También soy escritor. Tengo miles de seguidores en las redes sociales y vengo a motivaros para el partido de mañana. Sois muy malos y probablemente perdáis, pero pensad

> en positivo. La vida es estupenda. Un día quizás juguéis en otro equipo y allí ganéis algún partido. Así que no os preocupéis de nada. De momento no penséis en eso sino en el aquí y el ahora. Estoy aquí, a punto de descender, jugamos fatal, no vamos a ganar... ¡No, no! ¡Alejad a ese pequeño ser que os habla negativamente! Cogeos de la mano. Pensad que sois los mejores y que vais a hacer un partido estupendo. Yo conseguí salir de lo peor. Vosotros también podéis.

Hay pocas cosas que me generen más náuseas que ver una fotografía del *coach* famoso de turno con una persona gravemente enferma. Que alguien pueda aprovecharse económicamente de un ser humano en esta situación es cruel.

Dan charlas para trabajar la salud mental. Las llaman de motivación. Las imparten los que padecen una gran discapacidad física, problemas de salud mental, exdeportistas famosos (mejor si han sido drogadictos y se han arruinado). ¿Por qué no contratan como fisioterapeutas a exfutbolistas que se hayan lesionado mucho o como preparadores físicos a quien se fatigara en exceso? O mejor aún: para operar una rotura de ligamentos cruzados de la rodilla que te opere un exfutbolista que haya padecido esta dolencia. Para trabajar la salud mental hay que ser licenciado en Psicología. Sin más. Y no todos valen porque hay quien pasa por la universidad sin aprender nada.

Cuando un equipo está desesperado busca, dando palos de ciego, a un *coach* o una psicóloga monitora de campamentos para que den «charlas de motivación». Son unos iletrados que creen que estos estafadores pueden hacer algo para que el equipo consiga buenos resultados. La ignorancia y la desesperanza son el menú con el que se alimentan los farsantes. Como el resultado de su intervención es la nada, los enterradores acaban despedidos mientras que el «motivador» de turno sigue estafando a la gente. En la empresa privada los directivos suelen caer en sus garras.

Lo que se valora de un autor es el conocimiento como popularidad, no el conocimiento como sabiduría. Por eso estos embaucadores dedican más tiempo a buscar la fama que al estudio. Son buenos comerciales de sí mismos. Les va bien en esta sociedad que prima en las personas el ser conocido antes que su cultura.

La característica primordial del arribista gracias a la cual llega a la cima social es que no tiene vergüenza. Es capaz de lo que sea por ser *celebrity*. Más te vale no ponerte en su camino si no quieres acabar en una cuneta.

Paradójicamente los mejores futbolistas y los peores profesionales suelen jugar y trabajar en los mejores clubes mientras que los peores futbolistas y los mejores profesionales juegan y trabajan en los peores.

En psicología y fútbol hay que observar y participar no sólo en los aspectos que se ven sino también en lo que no es fácilmente visible (véase mi libro *Diario de campo de un psicólogo en un club de fútbol*[10]). Hay que estar permanentemente en contacto con los deportistas y con aquellos que influyen en su rendimiento. Hay que escuchar a quien está cerca y a quienes tienen algo que decir en relación con el deportista. Una vez recopilados los datos —a través de la observación participante y la conversación— hay que desentrañar los motivos que hay más allá de los hechos. Todo esto lleva mucho tiempo, requiere formación y talento. Hay que saber cómo es el funcionamiento psíquico.

La mayoría de los psicólogos en el fútbol intervienen sin evaluar y por eso no influyen sobre la realidad de los jugadores, de los equipos y de los clubes. Son como monitores de tiempo libre con sus actividades infantiles entretenidas y no tienen ninguna influencia en el cambio de manera de pensar. El *post-it* es su recurso favorito. Los tienen de todos los colorines, los usan de todos los tamaños en sus jueguecitos de campamento. El *post-it* es la prueba evidente de su infantilismo y falta de preparación. Lástima de aquellos con los que interaccionan. ¿Pero esto es todo lo que sabéis llevar a cabo para desarrollar una mentalidad de deportista? Si queréis hacer algo mejor, atended al

[10] Luis Cantarero, *Diario de campo de un psicólogo en un club de fútbol*, Pregunta, Zaragoza, 2017.

discurso perverso de los entrenadores y trabajad con ellos para que lo cambien. Para eso hay que estar en el campo de fútbol, observando, escuchando, y luego tener el arrojo de corregir al enterrador (y persuadir a este para que se deje corregir).

Si pretendieran trabajar la mentalidad de los futbolistas se les podría llevar al metro de Nueva York y pedirles que fueran en media hora del puente de Brooklyn a la calle 96, para visitar Central Park (por ejemplo). Si lo consiguieran sin perder los nervios, no cabría duda de que estarían preparados para jugar cualquier partido de fútbol. Quien necesitara mejorar en paciencia también podría escuchar Radio María, el programa de Jiménez Losantos o ver un partido del Real Zaragoza. Realizar uno de estos esfuerzos te prepara para poder superar cualquier estrés que provenga del juego. También sirve de entrenamiento: si tienes un accidente y llamas al 112, ármate de extremada paciencia. No he visto servicio más lento. Llamas angustiado y te preguntan una serie de datos intrascendentes hasta desquiciarte. Cuando finalmente llegan, lo hacen con una parsimonia incomprensible para cualquiera.

De la misma manera que se llevan a cabo revisiones médicas a los futbolistas, antes de fichar y al comienzo de la temporada se deberían realizar evaluaciones psicológicas. Los neuróticos, y hasta algún psicótico, las superarían. A los que habría que dejar fuera, como mínimo, es a los perversos narcisistas (sean jugadores o entrenadores) porque contribuyen de manera directa a los malos resultados.

El cuerpo es la morada de pesares, ideas, opiniones, estados de ánimo, traumas, heridas, relaciones, silencios, represiones... Esto en el fútbol es importante: el cansancio, el dolor, la enfermedad, las microrroturas... pueden tener un fundamento psíquico.

Cuando hablamos de personalidad, un futbolista debería ser sanamente indomable no amargamente indomable.

El futbolista, al final de una de una conversación terapéutica, debería acabar fatigado, cansado, dolorido, como acaba después de un buen entrenamiento físico, pero con la percepción subjetiva de bienestar para descansar y volver de nuevo. Si no «suda», psíquicamente hablando, la conversación no ha servido.

Estamos acostumbrados a ver psicólogos en los cuerpos técnicos de los clubes profesionales que no hacen nada salvo figurar cual pasmarotes. Cuando los entrenadores realizan psicología todavía es mucho peor acudiendo al conductismo operante: castigando por castigar, reforzando por reforzar. No saben lo que dicen, pero creen hacerlo bien y no se dan cuenta de su ignorancia en materia de psicología.

Los entrenadores no saben que la psicología consiste en indagar cómo la subjetividad se crea en la interacción social. Algunos de ellos son incapaces de interactuar adecuadamente para desarrollar una mentalidad adecuada en los deportistas para jugar al fútbol (o cualquier deporte). Deberían comenzar por darse cuenta de la enorme influencia que tienen en la formación de la persona. Pero para eso hay que querer estudiar, sentir curiosidad, desear ser mejor, amar tu trabajo, disfrutar de las relaciones, hacerse preguntas, eliminar prejuicios, desmontar estereotipos, afrontar tus fracasos, narrar tus preocupaciones, expresar sentimientos, tener amor propio, pensar en los demás, saber perdonar, poseer criterio propio. ¿Dónde adquieren los entrenadores de fútbol estas capacidades para la interacción?

Entrenador: tú eres la «herramienta», tu manera apropiada de hablar, el respeto que muestras hacia el otro, el afecto que dispensas, tu discurso valiente, el coraje que expresas, tus gestos vivaces, tu predisposición para el diálogo, los errores que cometes, los defectos que no escondes, tus debilidades que aireas, las responsabilidades que asumes, el cuidado con el que observas, la atención con la que escuchas, tu amabilidad, el afecto que manifiestas, los abrazos que das, la alegría de vivir a la que nos invitas, tu ateísmo, las lecturas que llevas a cabo, los conocimientos que has adquirido y la humildad con que los transmites, tus desconocimientos, las riñas educadas que nos infliges, tu capacidad de trabajo, la serenidad con la que denuncias las injusticias, cómo miras a los ojos a los malvados, tu renuncia al protagonismo, las dudas que tienes a todas horas, tus miedos ocasionales... todo esto es lo que hace que el otro que se relaciona contigo pueda pensar sobre su propio pensamiento... y jugar bien.

El fútbol no es otra cosa que interacción social. Es el propio yo el que tiene la potencia de modificar el modo de pensar, el estado de ánimo, las ganas de luchar, el interés por el mundo, las actitudes, los deseos de vivir. No son los juegos, ni las actividades, ni las tareas (ninguna de estas mal llamadas «herramientas») lo que influyen en la subjetividad del otro, salvo que quien las propone tenga las capacidades de escuchar, comprender, perdonar, dialogar, conversar, negociar, hablar, respetar, amar, disfrutar... Es uno mismo quien ayuda, pero si eres un vanidoso, egoísta, ignorante... olvídate de esperar algún cambio en los demás porque estás incapacitado para las relaciones humanas fructíferas.

En el fútbol deberíamos hablar de psicologías. Cuando estudiaba había tres especialidades clásicas: industrial, educativa y clínica. Hoy se podrían trasladar al balompié. Los psicólogos sociales de las organizaciones son expertos en recursos humanos, riesgos laborales (acoso laboral, estrés...), negociación, conflicto, formación... Los educativos, en psicología de la enseñanza y del aprendizaje. Los clínicos, en prevención y tratamiento de la enfermedad psíquica. Un club de fútbol debería contar con los tres especialistas: para mejorar la cultura de la organización, para atender la enseñanza del fútbol y para proporcionar resistencia psicológica (no ponerse nervioso, no reaccionar a las provocaciones...) y tratar la salud mental (angustia, miedos, preocupaciones irracionales, trastornos psicosomáticos). En los clubes de fútbol no se hace psicologías. Todavía no se han enterado que al fútbol juegan seres humanos. Como dice mi amigo Marcos Castillo, «la ignorancia / solo permite ver la superficie»[11].

Al hilo de todo esto, David Remnick cuenta en *Rey del mundo*, un libro estupendo sobre Muhammad Ali, que Cus D'Amato, entrenador de boxeadores durante la primera mitad del siglo XX, enseñaba a sus pupilos introspección. Un entrenador que leía a Nietzsche y les enseñaba a comprender sus miedos. Qué duda cabe de que en psicología y deporte hemos retrocedido en lugar de mejorar.

El contexto neoliberal occidental produce narcisistas en serie. Sujetos que niegan al otro. Lo imaginan como un competidor, un enemigo. Debido a sus inseguridades, necesitan creerlo así irrealmente para su identidad (algo que solo existe en su imaginación). En el desarrollo psicológico, el otro es imprescindible para crear un yo seguro. De ahí que el contexto social hoy

[11] Marcos Castillo, *Trivium*, Pregunta, Zaragoza, 2020, pág. 130.

produzca odiosos de sí mismos. El fútbol industrial ocupa la *pole position* del sistema capitalista. Por lo tanto, es un buen lugar para crear narcisistas. Pero si un buen entrenador lo comprendiera se daría cuenta de que un equipo «ganador» no puede estar compuesto por estos sujetos. Así, tendría que crear espacios y tiempos donde ofrecer sociabilidad, donde el futbolista se convirtiera en una persona que pudiera hablar, escuchar y ver a sus colegas. Espacios donde crear amabilidad, hospitalidad. El otro tendría que dejar de ser un instrumento y pasar a ser un compañero importante para los demás, valorable por su alteridad. A buen seguro que mejorarían los resultados.

Redobles finales. El fútbol social

Jugar al fútbol puede ser barato, libre, divertido, colectivo, humano. Basta un balón para que unas cuantas personas lo pasen bien (el balón y el estado de ánimo). Se inventan las porterías, te adaptas a un espacio grande o pequeño, de tierra, de arena o de cemento, te reúnes con gente (aunque también se puede practicar solo), al margen de horarios, sin jueces (árbitros, padres), ni equipajes, ni petos, ni tecnologías... y comienza el juego. En todo esto reside su belleza; una belleza de la que se nos quiere despojar industrializándolo.

Ya hace casi cuarenta años, el poeta Ángel Guinda (Premio de las Letras Aragonesas 2010) advertía sobre los peligros del fútbol como negocio:

Hace tiempo que la crisis basureril del capitalismo afecta al fútbol... Demasiado dinero el que se amasa por unos pocos para tan pobre espectáculo ofrecido a una masa hambrienta de emociones, vítores y belleza.

Para ver juego, fuerza, entrega, hay que ir a los pueblos. En muchos de ellos —y como en la no muy lejana época del abisinio subdesarrollo español— todavía hoy los chavales improvisan en las eras sus estadios con porterías a base de mojones o leñazos.

Trotan, batallan, piden bola, increpan, sudan la camiseta con la ilusión de hacer lo que se ama y no aquello con lo que se especula.

El antifútbol de contención, de contraataque, de destrucción de juego mediante la trampa del cerrojazo, la pérdida de tiempo, del patadón y tentetieso, de lo que importa son los puntos y lo demás son solfas... está cavando la fosa del alma del cordero que es el gol.

Para que el personal encuentre aliciente en acudir a las gradas con más deseo que inercia o costumbre, habrá que inventar un nuevo fútbol.

(...) Hay que sustituir, pero ya, el culto al dinero y sus mangantes por el culto a la imaginación. Para vivir esta manifestación del ocio como lo que siempre debió ser: una sana y deportiva diversión domadora de la adrenalina.[12]

El fútbol, si algo tiene de bueno, es que puede llegar a ser un altavoz de demandas sociales. Como dice mi buen amigo el antropólogo y profesor universitario Ricardo

[12] Ángel Guinda, «Cambiar el fútbol», artículo publicado en *Heraldo de Aragón* el 7 de septiembre de 1986.

Sánchez, el fútbol se posiciona contra la invasión de Ucrania, en contra del racismo, de la homofobia, da pie a reclamaciones feministas... Siempre y cuando las reivindicaciones sean honradas, no hipócritas, en beneficio de la causa social sin más, son bienvenidas. En realidad, el fútbol no sólo tiene que ser entretenimiento sino también crítica y reflexión.

Hay intervenciones sociales que plantea el poder. Nos quieren hacer creer que les preocupa el racismo, la guerra, la igualdad... Lo cierto es que son superficiales y van destinadas a mantener al «populacho» en el sistema de producción del fútbol industrial: que se den la mano los jugadores en el campo antes y al final de un partido, que los papás de los equipos contrarios nos sonriamos y abracemos unos a otros, que las personas con discapacidad jueguen, que un aficionado sea sancionado por insultar a un jugador negro prestigioso, que no se beba alcohol en el estadio, que haya árbitros «tutores»... pero nada dicen de las actuaciones de políticos ambiciosos, de emprendedores codiciosos, de directivos de clubes y federativos todopoderosos y antidemócratas que esconden el dopaje de los deportistas profesionales, que negocian construcciones de estadios, que amañan comisiones por organizar eventos, que reprimen el pensamiento disidente como el feminista, que controlan despóticamente los medios de comunicación... La intervención debería encaminarse a desarrollar escepticismo, espíritu crítico, para denunciar las artimañas de las personas que verdaderamente ensucian el fútbol —los que tienen el poder económico, político, mediático— y cuestionar sus propuestas «blandas», cuya filosofía no es otra que el *panem et circenses* que ya enunciara Juvenal.

Invertir en deporte es invertir en ciudadanía, en convivencia, siempre y cuando se considere como un medio educativo y cultural y no como negocio (sobre ello reflexionamos ampliamente en *Humanizar el fútbol*).

Para que un futbolista destaque en el fútbol industrial tiene que tener la mentalidad de un jugador de fútbol social: jugar por entretenimiento, ser valiente, desprendido y tener conciencia social.

¿Puedo jugar? El fútbol en sí se da en la playa cuando estás peloteando con un balón con tu hijo, se acerca un niño y te pregunta si puede jugar con nosotros. A partir de ahí se pueden ir sumando otros niños y niñas, desconocidos hasta ese momento, que organizan un partido sin entrenadores, sin tiempo determinado, sin reglas, sin familiares mirando, solo por el placer de jugar. Los dos equipos que se han improvisado quieren ganar, claro que sí, pero no simulan faltas, se arbitran entre ellos, no pierden tiempo, no hacen trampas. El partido es único: cuando termina no se volverá a producir, jamás, otro igual entre las mismas personas ni en el mismo lugar. Ese es el verdadero fútbol: el que surge inesperado y al concluir termina para siempre. Puro entretenimiento entre personas.

La plaza de los Sitios en Zaragoza es una de tantas como puede haber en España donde los niños no se han cansado de jugar al fútbol libremente. Al salir del colegio, por la tarde, con el bocadillo de la merienda todavía en la mano, han organizado partidos improvisadamente para pasarlo bien con dos árboles o dos farolas por porterías, en equipos mixtos, sorteando a otros viandantes mientras juegan, sin espacio limitado, jugando sobre baldosas, sin tiempo concreto, riendo y corriendo, celebrando los goles... hasta que un alcalde decidió construir, con dinero de todos, una zona de «gimnasio» para ancianos, un chiringuito cayetano y un espacio para perros. Se acabó el juego libre de los niños. Hoy los ancianos pedalean, la «buena gente» toma café y los perros corretean cada uno en su lugar. La política ha hecho del espacio público un negocio y ha acabado con la sociabilidad (entre otras cosas). Antes jugábamos al fútbol en la calle; hoy, convertidos en mercancía, nos han echado de ella para que nos inscribamos en una «academia».

Gracias al empuje del ministro Alberto Garzón, desde el 14 de septiembre de 2021 por fin se retrasmiten partidos de fútbol, de cualquier competición nacional o internacional, sin publicidad de apuestas. En ningún medio de comunicación he oído nada sobre el asunto. Ni la televisión, ni la radio, ni la prensa (ni los clubes patrocinados) mencionan la prohibición. Supongo que están dolidos porque merman sus ingresos. Pero para los espectadores es un alivio no tener que soportar este tipo abusivo de anuncios (esperando además que contribuya a minimizar la adicción al juego).

El fútbol social sirve para denunciar injusticias. La película *¡Yallah! ¡Yallah!*, de los directores argentinos Cristian Pirovano y Fernando Romanazzo, es un ejemplo. Describe de manera brillante el sufrimiento de los palestinos entrevistando a jugadores, entrenadores, gestores y familias. Los israelitas no hacen más que ponerles zancadillas deteniendo jugadores internacionales sin motivo, abusando de controles y burocracia, etc. Usan su poder para que los futbolistas palestinos no consigan éxitos porque saben perfectamente que las hazañas deportivas generan alegría, espíritu colectivo y dan fuerza para enfrentarse al verdugo.

El fútbol también es un buen método de trabajo social. No me refiero a las intervenciones del fútbol industrial, como LaLiga Genuine financiada por LaLiga, sino a aquellas anónimas a través de las cuales se puede generar bienestar en prisiones, reformatorios, enfermos mentales, personas con discapacidad, con población inmigrante, en cooperación al desarrollo, etc. Los beneficios psicosociales son incontestables para quien lo practica siempre y cuando no hablemos de fútbol negocio sino de fútbol social.

El triunfo consiste en intentar hacer lo mejor posible aquello que deseas. Poseer voluntad de poder, en términos de Nietzsche. No hay una relación entre personalidad y éxito. Introvertidos y extrovertidos, nerviosos y calmados... todos pueden alcanzarlo. Lo más importante es no industrializarte, hacer las cosas a tu modo (y que te acompañe el contexto sociocultural). Para eso tienes que buscar el conocimiento de ti mismo rebuscando también en tu inconsciente. Lo fundamental es que pelees por ser bueno en lo que te propongas (no en lo que te haya propuesto otro). El deseo de fama, de dinero y de poder no está relacionado con lo dicho: es un síntoma de malestar de los que padecen trastornos de la personalidad.

No hay gesto más despectivo contra uno mismo y contra los demás que no aceptar la medalla de plata conseguida en una competición europea de fútbol y regalarla con despecho a un aficionado dejándose ver por miles de personas. ¿Qué enseñanzas transmite este enterrador? Contagia su amargura a los aprendices y les condiciona negativamente al hacerles pensar que sólo vale la victoria. Su sufrimiento es suyo (el verá qué hace con él), pero la lección que proyecta es un peligro social; debería ser precavido porque hay personas que imitan su mentalidad. Alguien públicamente debería criticar este comportamiento, por el bien de la sociedad, e incluso ser sancionado. Lo que hay que interiorizar es que ser segundo no desautoriza. Unamuno ya nos dijo que venceréis, pero no convenceréis. Perdimos la Guerra Civil contra los fascistas y no por eso dejamos de ser republicanos orgullosos de haber defendido la democracia. Las consecuencias fueran catastróficas para España, pero nunca se elimina la satisfacción interna que uno siente de haber luchado por la justicia. Por perder no debe doler el orgullo, ni perder es sinónimo de derrota. Puede llegar a ser triste, o no, pero no es nada de lo que avergonzarse. Valorar al deportista exclusivamente por el resultado, aplaudir una carrera profesional sólo por los triunfos conseguidos, destacar los trofeos conquistados para justificar ser el mejor es injusto e ignorante. Ni es ecuánime ni sabio evaluar el trabajo realizado de acuerdo a resultados. Hay un dato para ser considerado un vencedor más allá del marcador: la sabiduría de estar bien contigo mismo.

Punto y seguido

Un libro como este podría no tener fin, pero no quiero ser reiterativo. Alargarlo más podría conseguirlo. Soy consciente de que algunas ideas redactadas han podido punzar, pero es mi visión del sujeto y de parte de las instituciones de comienzos del siglo XXI donde el fútbol se desarrolla. Decía Voltaire que «se valora más la paz que la verdad»[13] pero, obviamente, no estoy del todo de acuerdo. Hay que hablar y actuar para transformar la sociedad.

Quizás se me pueda acusar de ser crítico y reflejar solo una parte de la sociedad que merece ser cuestionada. Pero sé que hay otras realidades. Ya he dicho en distintos sitios que existen muchos fútboles y no sería justo hablar solo del industrial, del comercial, del más conocido por su carácter mediático. Hay personas luchando por construir otro mundo, más justo y plural, aunque no sean populares. El Clapton Community F. C. es un club de fútbol británico que viste una camiseta con los colores de la bandera republicana española para rendir homenaje a las personas que lucharon por defender la democracia. Se orga-

[13] Citado por Arthur Schopenhauer en *Dialéctica erística o el arte de tener razón, expuesta en 38 estratagemas*, traducción de Luis Fernando Moreno Claros, Trotta, Madrid, 2000, pág. 84.

niza como una cooperativa cuyos dueños son los aficionados. Se posicionan como contrarios al sexismo, la homofobia, la xenofobia y el fascismo. Es destacable que su equipación la realiza una empresa que solo suministra ropa a clubes antirracistas, usa materiales éticos y proporciona salarios justos. También existe El Reunión, el club de fútbol donde juego una hora a la semana, con una docena de amigos, desde hace más veinte años. Nos gusta ganar, pero no medimos la distancia recorrida, ni las calorías perdidas, ni grabamos los partidos, ni tomamos líquidos de colorines. Apenas calentamos y nunca estiramos, nuestras charlas no son motivacionales, sino bromistas, comemos y bebemos lo que queremos y nos soportamos. En la cancha, antes y después de nosotros, juegan otros grupos de amigos, igualmente, sin más motivo que pasarlo bien y socializar. Es otro fútbol en una sociedad y cultura que también existe: anónima, amigable, potente, múltiple, donde encontramos sitio otros sujetos con pensamientos divergentes, que por fortuna amplía las posibilidades de vida y dignifica el deporte.

Este libro se terminó de imprimir
el 15 de octubre de 2024,
ciento ochenta años después
del nacimiento del filósofo
Friedrich Nietzsche.

Títulos publicados

PREGUNTA
ediciones

Relatos

Las pérdidas rojas. Chusa Garcés
Cuentos detrás de la puerta. Begoña Abad
Amor, blanco roto. Chusa Garcés
Letras de tinta. Lourdes Aso Torralba
Baños de Panticosa. Premios Literarios. Varios autores
Sobreexposición. Laura Bordonaba Plou
Desde el otro lado. Prosas concisas. Fernando Aínsa
Buscando los orígenes de aquello. Irene Achón, María Jesús Artigas, Alberto Delmalo, Ana García, Coral González, Anabel Hernández, Aitana Muñoz, María José Pardo, Eva Pardos, Elisa Pérez, Manuel Pinos, Pilar Royo
Brioleta. Encuentro de escritoras aragonesas. Lourdes Aso Torralba, María Pilar Benítez Marco, Elena Gusano Galindo, Chusa Garcés, Blanca Langa Hernández, Angélica Morales, Marta Navarro, Almudena Vidorreta
Los soñadores. Roberto Malo
Bilbilitanos en la historia. Ricardo Ramos Rodríguez
El dolor del cristal. Sergio Royo
Polar. Laura Bordonaba Plou
La prueba final y otras historias cortas. Ganadores del Certamen de Cuentos y Relatos Breves Junto al Fogaril
Viviendo en tiempo brutal. Sergio Royo
Contemplación. Franz Kafka
Zaragoza turbia. José María Tamparillas
Sabor metálico. Eva Pardos Viartola
Cuentos esféricos. Chema González
Canciones tristes que te alegran el día. Miguel Mena
Todo es agua. Begoña Fidalgo
Mar de lejos. Manuel Pinos
Y de repente esta lluvia. Sergio Royo
De bares y mujeres. Marta Armingol, Olga Asensio, Laura Bordonaba Plou, Clara Castán Ibarz, Begoña Fidalgo, Paula Figols, Chusa Garcés, Magdalena Lasala, Elvira Lozano, Rosa Martínez, Angélica Morales, Eva Pardos Viartola, Clara S. Mendívil, Laura Serrano
Diáspora. Isabel Gutiérrez Cía
Relatos de La Flama. María Jesús Artigas, Emilia Bayod, Marta Gascón, Clara Járboles, Merche Llop Alfonso, Abraham José Mendoza Diloy, Eva Pardos Viartola, Alfredo Pérez, Elisa Pérez Ibarra, Manuel Pinos, María José Sanjuán, Wenceslao Varona López, Gloria Verdoy
Un martes cualquiera. Laura Latorre Molins
Con voz y voto. Pioneras americanas del relato social y la ciencia ficción y tres piezas del teatro sufragista británico. Edición de Isabel Alquézar y Berta Lázaro
Todos los crímenes del mundo. Sergio Royo

Novela

El último concierto de David Salas. Roberto Malo
Crónica de un deseo. Antonio Ventura
Verde mar del norte. Clara Castán Ibarz
La brújula del universo. Mario de los Santos
El eco entre la bruma. Ricardo Ramos Rodríguez
Las sombras del Imperio. Ricardo Ramos Rodríguez
La movida que te salvó. Mariano Pinós
Merecer la vida. Laura Serrano
Cariñena. Antón Castro
Los días blancos. Marta Armingol
Declive. Fernando Rivarés
Canciones ligeras. Miguel Mena
Hannibaal. Miguel Carcasona

Inventario de monos. Galgo Cabanas (Mario de los Santos y Óscar Sipán)
De viento y sal. Clara S. Mendívil
Jimena. Magdalena Lasala
Catorce. Paula Figols
El silencio y su canción. Ángel Gracia
Marta. Víctor Juan
La nota muerta. Rosa Martínez
Para cenar, aire. Pedro Bosqued
Las batallas perdidas. Jaime Tomás
La fugitiva. Clara Járboles
Alcohol de quemar. Miguel Mena
La casa de los dioses de alabastro. Magdalena Lasala
Tristán. La ética del monstruo. Javier Romero Collazos
Puente de Hierro. Miguel Mena
Máscara. Ricardo Ramos Rodríguez
Leopardos en el diván. Gonzalo Fontana Elboj
Lucífugo. José María Tamparillas
Bendita calamidad. Miguel Mena
La estirpe de la mariposa. Magdalena Lasala
El colapso de la colmena. Julia Jiménez Carrera
Los Hijos de Hura. Abdelrahim Kamal
Dinero caído del cielo. Reyes Salvador
No podría estar más contenta. Marisol Aznar y María Frisa
Leitmotiv. Sergio Sarsa
Profanación. Ramón Acín
Onda Media. Miguel Mena
Proyecto Sada. Javier Gastón
La vista atrás. Laura Serrano
Pájaros azules en Roma. Miguel Ángel Nievas
Alerta Bécquer. Miguel Mena
Taquicardia. Teresa Álvarez
Moncayo estrés. Miguel Mena

Poesía
Litiasis. Manuel M. Forega
Todas las religiones son una / No hay religión natural. William Blake
Estoy poeta (o diferentes maneras de estar sobre la Tierra). Begoña Abad
AntiaéreA. Encuentro poético en Zaragoza. Carmen Camacho, Alicia García Núñez, Marta Navarro, Chus Pato, Inés Povar, Miriam Reyes, Sandra Santana, Hermanas del Hambre (Elisa Berna y Charo de la Varga)
Todo estalla dicho. Elvira Lozano
La experiencia de la poesía. Ángel Guinda
AntiaéreA II. Poesía encontrada en Zaragoza. Ajo, Eva Antón Bravo, Zhivka Baltadzhieva, Isabel Bono, Javier Corcobado, Cristina Járboles, Laia López Manrique, David Mayor, Carmen Ruiz Fleta
Diez años de sol y edad (Antología 2006-2016). Begoña Abad
Alud. Javier Fajarnés Durán
Los países de piedra. Pablo Javier Pérez López
Existe algún lugar en donde nadie. Juan Pablo Roa
Te mataré mientras vivas (Coronación supersónica). Raúl Herrero
La ciudad y el cuchillo. Javier Fajarnés Durán
Vidrieras. Laurent Tailhade
El tiempo de las alambradas. Antología poética. Antonio Orihuela
Esta vida verde. Antología poética. Lyn Coffin
Las palabras son nocivas. Antología poética. Amador Palacios
Las locuras ya no son locuras. Antología poética. Ferruccio Brugnaro
El techo de los árboles. Begoña Abad
Satirologio. Epigramas del siglo XXI. José Verón Gormaz
Caballo de mina. Gerardo Vacana
Big Bang. José Luis Esteban
Los signos en el agua. Noventa y nueve poemas. Joaquín Sánchez Vallés

Avanza el olvido. Javier Ramón Jarne
Fábrica de la seda. Miguel Ángel Curiel
Casa junto al arrecife. Enrique Ariño Gil
Trivium. Marcos Castillo Monsegur
El lenguaje de las ballenas. Begoña Abad
El libro de horas. Rainer Maria Rilke
Gran Guiñol. Miguel Ángel Ortiz Albero
Cantares y presagios. José Verón Gormaz
Marcha por el desierto. Sandra Santana
Una guitarra de contrabando. Gerardo Vacana
Diccionario de garzas y de mirlos. Pablo Javier Pérez López
Piedra y tijeras. Nacho Tajahuerce
#MedeaHaVuelto. Angélica Morales
Madres. Begoña Abad
Todas las moradas de mi aliento. Jacques Meylan
Razón de espera. Rafael Lobarte Fontecha
Poesía. Guido Cavalcanti
Tránsito. María Pilar Martínez Barca
Viejo. Sergio Gómez
Barro. Miguel Ángel Curiel
Historia del mundo antiguo. Joaquín Sánchez Vallés
Este día, este momento. Juan Pablo Roa
El miedo del doble a la soledad. Rosa Martínez
Un vuelo sin la mecánica adecuada. Pecker
Brioleta volumen 2. Poesía aragonesa en femenino. Carmen Aliaga, María Pilar Benítez Marco, Mar Blanco, Marta Domínguez Alonso, María Dubón, Ana Giménez Betrán, Reyes Guillén, Blanca Langa Hernández, Angélica Morales, Trinidad Ruiz Marcellán, Helena Santolaya y Carlota Urgel
Entre el huerto y el corral y otros versos. Gerardo Vacana
Cantar cuarenta. Cancionero completo 1983-2023. Gabriel Sopeña
Sálvida. Sofía Díaz Gotor
La fuerza de la tierra. Paula Martínez
Ahab. Antología poética. Carlos Ramos
Enseres del invierno. Miguel Carcasona
A la izquierda del padre. Begoña Abad
La muerte se llama Juan. Joaquín Sánchez Vallés
Y ¡PUM! Un tiro al pajarito. Sandra Santana
La vida de María. Rainer Maria Rilke
Un abrazo fuerte. Homenaje al poeta David González. Patxi Irurzun y Nacho Tajahuerce (coords.)

Libro ilustrado
El dibujante de relatos. Antón Castro y Juan Tudela
La península de Cilemaga. Helena Santolaya
Marcianos. Sergio Algora y Óscar Sanmartín
La odisea de Fortunato. Pere Inglés y David Girón

No ficción
Reconstrucción. Miguel Ángel Ortiz Albero
Sahara Occidental. Cuarenta años construyendo resistencia. Varios autores
Residencia y tránsito de las letras en Aragón. Fernando Aínsa
Diario de campo de un psicólogo en un club de fútbol. Luis Cantarero
Marcelino. Muerte y vida de un payaso. Víctor Casanova Abós
Aragón en el sistema solar. Carlos Garcés Manau
Los poetas malditos. Paul Verlaine
Poetas y poéticas. Ensayos. Amador Palacios
Del espejismo de la revolución a la venganza de la victoria. Guerra y posguerra en Barbastro y el Somontano (1936-1945). José María Azpíroz Pascual
Nerín. Memorias compartidas. Varios autores. Edición de Rafael Latre
Sahara Occidental. Del abandono colonial a la construcción de un estado. Varios autores
El hombre elefante. Frederick Treves
Pasaron por aquí. Antón Castro

Nacer para aprender, volar para vivir. Un acercamiento a la poesía de Begoña Abad. José María García Linares
¡Cállate, papá! Padres y violencias en el fútbol industrial. Luis Cantarero
Metodologías activas en el aula. Varios autores
Gamificación educativa. Varios autores
El viaje exterior. Ensayos censores IV. Manuel Martínez-Forega
Teruel. Otra dimensión. Juan Villalba Sebastián
Opiniones de mujeres. María Domínguez
La guerra de los robots. Cómo la tecnología está cambiando los conflictos armados. Francisco Rubio Damián
La escritura por venir. Ensayos sobre arte y literatura en los siglos XX y XXI. Sandra Santana
La vida al alcance de la mano. La discapacidad a través de mi historia. Álex Sánchez
El viaje exterior. Ensayos censores V. Manuel Martínez-Forega
El camino de la serpiente. Escritos ocultistas. Fernando Pessoa
La jota, aragonesa y cosmopolita. De San Petersburgo a Nueva York. Marta Vela
El bazar infinito. Rutas y mares entre Oriente y Occidente. Alberto Cebrián
Ríos que mueren sin mar. Viaje por las culturas de Asia central. Enrique Ariño Gil
Humanizar el fútbol. Deporte y transformación social. Julio Salinas y Luis Cantarero (coords.)
Tú eres antes que todo. Correspondencia de Ramón Acín y Conchita Monrás. Víctor Juan
Adolescentes del siglo XXI. Técnicas de liderazgo parental. Marisa Felipe
Aurora y la celiaquía. Laura Marín
Zaragoza. Historias de ida y vuelta. Miguel Mena
Aragón. Formas de ser. Miguel Mena
Viaje al mar. Diario de un nabatero. Kike Fernández
Un violinista en el Titanic. Tribulaciones de un heterodoxo. Ángel Garcés Sanagustín
Diario del último año. Florbela Espanca
Juan de Velasco, primer maestre de campo de la Ciudadela de Jaca. Marcos Mayorga
Creatividad de andar por clase. Asunción Porta
Albarracín. Un viaje en el tiempo. Juan Villalba Sebastián
Diálogos en cautividad. Antón Castro
Deambulatorio. Miguel Ángel Ortiz Albero
Mauricio Aznar y Almagato. La historia. Jaime González
Máquinas que cuentan historias. La inteligencia artificial y la literatura del futuro. Varios autores
Cincuenta estaciones europeas. Catedrales de la modernidad. Alfonso Marco
La jota, aragonesa y liberal. Zaragoza, Madrid y París. Marta Vela
Sexo, amor y revolución. Hildegart Rodríguez
En torno a Paris, Texas *de Wim Wenders*. Varios autores
Futbología. La cultura del fútbol industrial. Luis Cantarero

Infantil y juvenil
La Dama, el Duende y el Rey. Tres leyendas aragonesas. Roberto Malo, José María Tamparillas, Daniel Tejero y David Guirao
Moflete, el elegante. Agustín Porras y Arturo García Blanco
La ardilla poeta y el futuro del planeta. Pilimar Aguilar y Xcar Malavida
Moflete ya sabe contar. Agustín Porras y Arturo García Blanco
Agentes del futuro. María Frisa y Xcar Malavida
Minicó dice no. Nerea Mur
El príncipe que cruzó allende los mares. Roberto Malo, Francisco Javier Mateos y David Guirao
De tu abrazo a las estrellas. Victoria Alcalde y Ruth Alarcón
Mocoloco y Flemalarga. Nines Barcelona y Nerea Mur
San Jorge y el dragón. Daniel Nesquens y David Guirao
Antes de las nueve. Pablo Ferrer, Paula Figols, Marina Santos, Christian Peribáñez y Zaira Andrés
Erny, el monstruo de la Laguna Negra. María Álvarez e Irene Campos
Lex, el Tiranosaurio Rex. Roberto Malo, Daniel Tejero y Blanca Bk
La ardilla poeta y su libro de recetas. Pilimar Aguilar y Xcar Malavida
Un viernes soleado. Pepe Serrano y Raquel Samitier
Mika, el niño fantasma. Daniel Tejero y Bernal